我国农村居民攀比消费
影响因素研究

雷祺 著

·广州·

图书在版编目（CIP）数据

我国农村居民攀比消费影响因素研究／雷祺著．—广州：华南理工大学出版社，2022.12
ISBN 978-7-5623-7287-5

Ⅰ．①我⋯　Ⅱ．①雷⋯　Ⅲ．①农村-居民消费-影响因素-研究-中国　Ⅳ．①F126.1

中国版本图书馆 CIP 数据核字（2022）第 246528 号

WOGUO NONGCUN JUMIN PANBI XIAOFEI YINGXIANG YINSU YANJIU
我国农村居民攀比消费影响因素研究
雷祺　著

出 版 人：	柯　宁
出版发行：	华南理工大学出版社
	（广州五山华南理工大学 17 号楼，邮编 510640）
	http：//hg.cb.scut.edu.cn　E-mail：scutc13@scut.edu.cn
	营销部电话：020-87113487　87111048（传真）
责任编辑：	肖　颖
责任校对：	盛美珍
印 刷 者：	广州市新怡印务股份有限公司
开　　本：	787 mm×960 mm　1/16　印张：13.5　字数：220 千
版　　次：	2022 年 12 月第 1 版　印次：2022 年 12 月第 1 次印刷
定　　价：	58.00 元

版权所有　盗版必究　印装差错　负责调换

前　言

随着国家以"新农业、新农民、新农村"为主要内容的"新三农"政策的不断推进,到乡村振兴战略的实施,通过精准扶贫,我们打赢了人类历史上规模最大的脱贫攻坚战,历史性地解决了绝对贫困问题,实现了乡村生态宜居和农民生活富裕,农村居民的收入水平不断提高,生活质量和生活环境也在不断改善,但是有些富裕起来的农民并没有在生产上扩大投资,而是在消费上扩大支出,希望借助消费来构建自己的身份和地位。一些农村居民在日常消费中不断攀比,在事件性活动中更是攀比消费成风,出现了盖房比豪华、婚丧嫁娶比排场、人情比体面等一系列畸形消费现象。不少农村家庭为了攀比,不惜超前消费、借贷消费,刚刚脱贫又重新回到贫困状态。攀比消费使一些村民之间的亲情和乡情在慢慢丧失,使不少农村的消费风气在慢慢恶化,也使一些人的人性和道德在慢慢扭曲。那么,什么是攀比消费?又有哪些因素在影响农村居民攀比消费?农村居民的个人属性不同,其在攀比消费中是否存在差异性?等等。这些问题值得我们去研究。

从社会学、社会心理学和经济学等角度来看,攀比是一种向上比较的思维过程,其目的是通过某种行为使自己在某一方面超过他人或至少和他人相同,从而保护自尊或获取社会认同感。攀比心理是消费者在攀比中的心理活动,它是消费者脱离自身实际收入水平而盲目攀高的消费心理,它包含攀比者、攀比目标和攀比对象三个要素。攀比消费就是消费者以攀比心理为依据,在生活中将自己的现状与他人进行比较,在比较中形成了心理落差,为了追求心理平衡、保护自尊,从而不顾自身实际收入水平而消费与他人相同或比他人更好的产品或服务的非理性消费行为。

目前,绝大多数学者主要是从收入和支出的角度研究农村居民的消费行为,或者从某一个角度研究农村居民攀比消费。其实,攀比消费作为一种非理性的消费行为，受到多种因素的综合影响，只有找出主要的几个影响因素并综合起来加以研究，才能挖掘出农村居民攀比消费严重的根源，也只有从社会学、社会心理学和消费者行为学角度综合考虑，才能克服单纯从经济学角度研究的不足。而攀比消费本身涉及社会学、社会心理学、消费者行为学和经济学等学科内容，因此影响攀比消费的因素也很多，有社会因素、文化因素、个人因素和心理因素。本研究主要从我国农村居民攀比消费的实际情况出发，结合实际访谈和国内外学者的相关研究，总结和提炼出影响攀比消费的五大因素——价值观、面子、地位消费、人情消费和模仿消费，分析和梳理了这五大因素的相关概念及其对攀比消费的影响。

价值观是人们关于一切价值的信念、信仰、理想和标准的总称。它产生于一定的社会生活中，同时又对人们的生活方式起着指导和规范的作用，对人们的消费行为有很大的影响。中国传统文化的价值观是在历史发展过程中慢慢形成的。在我国农村社会，农民的价值观主要表现为本体性价值观和社会性价值观两种类型，当本体性价值观占主导地位时，农民既重视自我面子，也重视他人面子；当社会性价值观占主导地位时，农民过分看重自我面子，而忽视他人面子。随着环境的变化，部分农民的价值观也在发生改变，本体性价值观逐渐缺失，社会性价值观占主导地位，此时，为了自我面子，盲目攀比消费。

面子是本土化概念之一，它作为中国人的一种重要的、典型的社会心理现象，既是个人心理内部的一种自我意象，也是一种尊严或地位的象征。面子不仅具有质的特征，也具有量的特征，它可以增加也可以减少，"争面子"或"有面子"是面子的增加，"丢面子"是面子的减少。在中国，不管是何种社会阶层的人，他们都要面子，特别是在熟人社会更讲究面子。在农村熟人社会中，面子维护的不仅仅是个人的声誉和地位，还涉及个人背后的家族和亲戚、朋友的声誉和地位，为此，面子融于农村血脉之中，丧失面子比失去生命和金钱更可怕。为了面子而攀比消费已经成为某些农民生活的基调，攀比消费的主要目的是保护面子或增加面子。

地位消费是指消费者为重视自身身份地位而获取、消费象征相应身份地位的商品的消费行为。由于商品或服务不仅具有使用价值和交换价值，还具有符号价值，因此消费者通过获取、拥有、使用或展示某种具有符号价值的商品或服务来提升自我形象或获取某种社会地位。而追求一种社会地位是由人们的本性决定的，为此中、下层社会试图通过模仿、攀比上层社会某种形式的地位消费，形成某种高于自己实际阶层地位的"地位假象"。在我国某些农村地区，农民强烈追求个人成功和社会地位，在相互比较中互相竞争、互相攀比，农民对地位消费的追求是通过攀比消费显现出来的，攀比消费也成为人们获取地位的一种消费方式。因此，某些农民在住房、红白喜事和人情消费上相互攀比，借此提升自己的社会地位。

中国是一个重视人情的国家，人情是人们交往和建立关系的主要依据及社会准则，也是一种互利互惠的社会交换行为。农村中的人情既包括亲属之间的亲情和乡亲之间的乡情，也包括熟人之间狭义的人情。在农村，人情是维系人们关系最重要的纽带，是人们交往的社会情感和可以交换的资源，因而在人情交换中就涉及人情消费问题。一般说来，人情消费是当亲朋好友遇到人生大事时，个人为表达心意而付出的实物或金钱，也称为"随礼""凑份子"，是用于人情往来的各项费用。在我国，人情和面子的关系非常密切，人情是潜在的面子，面子是显在的人情，人们在进行社会交换时，面子就是人情，人情的具体内容其实还是面子。在农村，人情消费的异化主要与人们要面子、穷摆阔气的消费观念有关。人情消费中所送礼金的数量存在很强的刚性，它只升不降，是双方互动的结果，人情消费越高，表达的情谊也就越浓越深，反之，说明双方的感情比较淡薄。攀比消费已经变成约定俗成的人情往来的潜规则。

模仿是一种普遍的社会现象，是社会心理学的基本概念之一。社会心理学认为，模仿是人的一种自然冲动和选择，是一种常见的人类社会互动形式。模仿在社会交往中承担了重要的角色，是建立和保持积极的人际关系的有效工具。模仿消费在消费心理领域也是一种常见的社会心理现象，它是指某些人的消费行为被他人认可和羡慕，并引起他人效仿的欲望，最终形成消费行为的模仿。人们在模仿消费中存在跟潮效应、认同效应和示范效应。一般说来，模仿消费分为虔诚性模仿消费和竞争性模仿消费两种形式，在现实生活中，农村居民的模仿消费主要表现为竞争性模仿消费。在农村，多数农民的消费观念相对落后，消费目标不明确，又非常看重面子，经常发生从众、模仿行为，在社会和面子竞争的压力下，盲目地从众和模仿使农民不断进行竞争性模仿消费，从而导致攀比消费成风。

本书基于面子磋商理论、社会认同理论和社会比较理论提出了研究模型。根据面子磋商理论，消费者在社会交往中，采用地位消费、模仿消费来维护自我面子，采用人情消费既维护了自我面子，也维护了他人面子，这样在交往中就避免了冲突和不愉快的事情发生。根据社会认同理论，个体通过地位消费、模仿消费和人情消费来构建自己的社会认同，并维护自己在群体中的面子。在现实生活中，当个体与群体成员进行比较时，如果发现他人有的东西自己没有，就会担心被人瞧不起，由于比较的失利导致自尊心受到伤害，社会认同受到威胁，个体就会通过攀比消费来维护自尊心，维护社会认同，从而想方设法购买他人已有的同类消费品，甚至超过他人。当今社会是一个竞争激烈的社会，人们在社会交往中不可避免地要与周围的人进行比较。在面子观念的支配下，往往会有向上比较的动机，与别人比较社会地位的高低、家庭财产的富有程度；在人情消费中比较谁送得最多，谁的面子最大，等等。根据社会比较理论，人们在比较中经常造成自尊心受到伤害和心情的不愉快，从而丢失面子。根据自我提升理论、自我维持评价理论和情绪调节理论，当个体的自尊心受到伤害或心情不好时，个体会采取各种方法来维护自尊心和改变心情，例如购买彰显身份、地位的产品，购买能带来愉悦心情的产品等，社会比较就必然引起攀比消费的发生。

本书采用 SPSS 17.0 和 LISREL 8.70 软件对研究模型进行实证研究。实证研究表明，本体性价值观对自我面子和他人面子都有显著的正向影响；社会性价值观对农民的自我面子、地位消费、模仿消费、人情消费和攀比消费都有显著的正向影响，对他人面子影响不显著；自我面子对地位消费、人情消费和攀比消费都有显著的正向影响，对模仿消费有显著的负向影响；他人面子对地位消费和攀比消费影响不显著，对模仿消费有显著的负向影响，对人情消费有显著的正向影响；地位消费、人情消费和模仿消费都对攀比消费有显著的正向影响；地位消费对模仿消费和人情消费有显著的正向影响。

通过实证研究还发现，在地位消费、人情消费和模仿消费对攀比消费的影响中，农村居民受社会比较的调节效应显著。相对于向下比较，向上比较时人情消费和模仿消费对攀比消费的影响更强；相对于向上比较，向下比较时地位消费对攀比消费的影响更显著。与此同时，农村居民的人口统计变量在不同程度上影响攀比消费。性别、年龄、收入、文化程度和地理区域五个方面都对攀比消费影响显著，而职业、婚姻状况和家庭所在地对攀比消费影响不显著。城市居民和农村居民在攀比消费上也存在着显著的差异性。

本研究的理论贡献在于：①探讨攀比消费及其影响因素，为人们研究攀比消费提供了理论基础；②立足于本土化概念，实证研究了价值观对面子和面子对消费行为的影响；③定性和定量研究方法相结合，提出和实证了创新性的概念模型；④开发了相关概念的测量量表。

本研究的管理应用在于两个方面。一是对政府的建议，具体表现在：①贫富不均是农村居民攀比消费的温床，为此地方政府要制定和落实相关政策，进一步增加农村居民收入，缩小贫富差距；②价值观是影响农村居民攀比消费的深层次因素，地方政府应积极倡导农村居民树立正确的价值观；③农村居民的非理性行为加速了攀比消费，地方政府应积极引导农民理性消费；④模仿消费作为一个重要的中介因素直接影响了农村居民的攀比消费，为此地方政府应积极引导农民从模仿消费转向模仿致富。二是对企业的建议，具体表现在：①攀比消费短期内提高了企业产品销量，长期来看却是一种阻碍，为此企业应规划发展目标，引导农民适度消费，促进企业可持续性发展；②攀比消费导致农民提前消费或借贷消费，影响了农民正常生产和生活，企业应以社会责任为己任，避免误导农民进行攀比消费；③攀比消费导致企业产品结构的不合理，增加了农民的消费负担，企业应采取适宜的产品策略，满足农民的消费需求，降低农民攀比消费的欲望；④模仿消费对农村居民攀比消费影响非常大，而农民模仿消费的外因是市场环境不完善，企业应加强农村市场环境建设，进一步完善市场环境，减少农民模仿消费的倾向；⑤实证研究表明，价值观是影响农村居民的面子、地位消费、人情消费、模仿消费和攀比消费的根源，价值观不同的人在消费行为上也存在差异性，企业应从价值观和生活方式角度细分农村市场。

目 录

第1章 研究概述 ··· 1
   1.1 研究背景 ··· 1
   1.2 理论视角与研究对象和问题 ··· 7
   1.3 研究意义 ·· 10
   1.4 研究思路与框架 ·· 13

第2章 理论与文献综述 ··· 16
   2.1 攀比消费的相关含义 ·· 16
   2.2 攀比消费形成的相关理论 ··· 23
   2.3 农村居民攀比消费的影响因素及其文献综述 ·················· 29
   2.4 文献总结述评 ·· 53

第3章 研究设计与理论假设 ··· 57
   3.1 研究设计 ·· 57
   3.2 理论假设 ·· 60

第4章 量表的探索性研究及调查 ·· 69
   4.1 量表的编制方法 ·· 69
   4.2 深度访谈 ·· 72
   4.3 量表的预测及正式调查 ·· 76

第5章 数据分析 ·· 83
   5.1 样本描述性统计分析 ·· 83

5.2 探索性因子分析 ·· 87
  5.3 验证性因子分析 ·· 90
  5.4 数据的可靠性和有效性分析 ···································· 96
  5.5 结构方程模型分析 ··· 109
  5.6 社会比较的调节效应分析 ······································ 120
  5.7 人口统计变量对攀比消费的影响分析 ······················· 123
  5.8 城乡居民攀比消费及其影响因素比较分析 ················· 138

第 6 章 研究结论与讨论 ··· 145
  6.1 研究结论 ·· 145
  6.2 研究理论贡献 ·· 151
  6.3 管理应用 ·· 154
  6.4 研究局限性和未来研究方向 ··································· 161

参考文献 ··· 164

附录 ··· 188
  附录 1：调查问卷 ·· 188
  附录 2：攀比消费访谈提纲 ·· 194
  附录 3：访谈资料总结 ·· 195

后记 ··· 204

第1章 研究概述

农村居民在日常消费中往往存在一种矛盾的现象：一方面勤俭节约，另一方面又奢侈浪费，这种"两栖"消费行为在农村司空见惯。特别是在收入提高的情况下，受传统文化的影响和面子观念的支配，农村居民非理性消费行为日益明显，"两栖"消费行为更加普遍，突出表现在攀比消费上。它严重影响了农民正常的生产和生活。

1.1 研究背景

1.1.1 农村居民攀比消费的基本表现

近十几年来，党中央通过了一系列惠农惠民政策，大力推进农业和农村的改革和发展，以"新农业、新农民、新农村"为主要内容的"新三农"逐步替代以"农业弱、农民苦、农村穷"为特征的"旧三农"。党的十九大报告中提出实施乡村振兴战略，"要坚持农业农村优先发展，按照产业兴旺、生态宜居、乡风文明、治理有效、生活富裕的总要求，建立健全城乡融合发展体制机制和政策体系，加快推进农业农村现代化"[①]。在此背景下，农民的收入大幅度增长，生活环境明显改善，生活质量显著提高。但是，有很多富裕起来的农民首先想到的不是增加投资、扩大生产，而是消费，希望通过消费构建自己的身份认同，因此产生了一系列不良的消费现象，突出表现为盖房比豪华、婚丧嫁娶比排场、人情比体面等一系列畸形的攀比消费现象。

盖房比豪华。在农村，房子是家庭财富和地位的象征，建房在一些农民眼

---

① 习近平. 决胜全面建成小康社会 夺取新时代中国特色社会主义伟大胜利——在中国共产党第十九次全国代表大会上的报告. 2017年10月18日.

中甚至比培养、教育子女更重要，因此，有部分富裕起来的家庭首先想到的是建房。以前农民建房主要讲究实用，现在则讲究宽敞、豪华，似乎房子越大越高就越显示家庭富有。农民盖房，后建的家庭总是以先建的家庭为参照对象，你盖两层，我就盖三层，即使高出一块砖头也心满意足。结果是房子越建越高、越建越大，装修越来越豪华，浪费也越来越多，不少家庭为此负债累累，甚至有的家庭新房没住多久就被迫卖掉。

（2022年）孙兰茂在农村老家发现，农民有钱后，在建房上出现了攀比之风。东家盖了两层楼，西家就盖三层，或者更高，三层以上的楼房随处可见。有的家庭竟然盖了六开间六楼层的大房子，像宾馆，也像高大的写字楼。有的村民因家庭经济条件稍差，原本建两层小别墅，但怕被村民耻笑，举债也要盖三层或三层以上。村东有一户人家，两层小楼盖好不到三年，一天也没有住过，可在2022年春季竟然把房子拆掉了，村民疑惑，他气哼哼地说："我盖的是两层楼，可两边的邻居都盖三层的，这不是明显欺负我吗？反正我不差钱，我也要盖一栋三层楼的。"村民们除了盖房攀比，在房子装修上也是一家比一家豪华。村民因盖了一栋两层半的小楼，被邻居嘲笑没出息，便赌气豪掷五十多万元装修，引来村民交口称赞。但遗憾的是，这些楼房盖好后大都是空置的①。

婚丧嫁娶比排场。在农村，不少年轻人结婚时不顾家庭条件，追求高消费、大排场。有些农村地区嫁女"明码标价"，普通家庭省吃俭用一辈子存下来的钱也许还不够为儿子办婚事的。近几年农村又兴起了仪式多样、花费巨大的丧葬攀比消费。不管家里经济条件怎样，在老人去世后，有些子女把白喜事当成红喜事大操大办，以排场的大小来衡量子女对老人的孝顺程度。于是有的人平时不赡养甚至虐待父母，但父母去世后却大办丧事，借此给自己挽回一点面子。

人情比体面。在农村，人们很讲究人情，其已成为日常生活中不可缺少的

---

① 孙兰茂. 农村建房，攀比之风可以休矣（随笔）[J/OL]. 江山文学，（2022－09－08）[2022－10－14]. https://www.vsread.com/article－965077.html.

组成部分。近年来，随着人情功利意识增强，农民出于虚荣心而相互攀比，人情消费出现异化。在人情消费上好面子、讲档次、摆阔气，以金钱的多少来衡量两人感情深浅的现象日益加剧，人们被迫送重礼，送礼的次数越来越多，越来越频繁。人情消费已成为农村家庭一项沉重的经济负担。

总之，在农村，无论是"红色"消费（结婚消费等）、"白色"消费（与丧葬有关的消费），还是"黑色"消费（人情方面的消费），村民都你追我赶，相互模仿、竞争、盲目攀比。攀比消费之风已经蔓延开来，似乎成了正常的消费现象，谁家不这么做或不做得比别人家好，就会被村民看不起，也很难在村民中抬起头来，于是农村中出现了"小事大办，大事特办，没事找事也得办一办"的怪现象。

1.1.2 攀比消费的危害性

在农村部分地区，人们除了盖房比豪华、婚丧嫁娶比排场、人情比体面外，还有一些人敬神比虔诚、比吃喝玩乐等。攀比消费已经渗透到一些村民的日常生活中，并引发一系列膨胀消费，严重影响了农民的生产和生活，这种盲目的攀比消费对社会和个人都是有害的。对于社会来说：①攀比消费败坏了社会风气。在日常生活中，人们相互攀比的不是勤俭节约、勤劳致富、伦理道德和社会贡献等，而是财富、权力和社会地位，导致社会上摆阔成风、奢侈浪费现象严重，出现了类似新婚夫妇用50枚白金戒指当喜糖发给亲朋好友的事情①。这种攀比消费之风不仅在成年人中流行，也在学生之间盛行，甚至连幼儿园小孩也学会攀比消费，结果整个社会形成了一种畸形的消费风气，既增加了人们的生活压力，又影响了社会的和谐发展。②攀比消费导致产业结构不合理。为了迎合人们的攀比消费，在社会资源有限的情况下，高档奢侈品、顶级豪宅、豪华娱乐设施等攀比相关产业集中了较多资源，少数人占用大量社会资源，造成资源分配严重不公平的社会现状。有些企业为追求短期利益而调整相关产品线或产品项目，生产符号价值高的产品，盲目刺激人们攀比消费，却不生产那些

---

① 《今日早报》2007年3月1日，张明星报道，桐乡农村一对新人用50枚白金戒指回赠亲朋好友，引起众乡亲哗然。

利润少但普通大众真正需要的产品，完全不顾社会责任。③攀比消费影响社会安定。不少人向往他人的富裕生活，在家庭财力有限的情况下追求一种所谓上层社会的生活方式，为此，他们甚至不惜从事打、砸、抢等违法犯罪活动，严重扰乱了社会秩序，破坏了社会的安定和团结。一些官员为了攀比，不顾国家法律、法规，把人民群众对他的信任和重托抛在脑后，贪污受贿，官商勾结，黑白合污，充当黑恶势力的保护伞，严重影响了广大人民群众对党和国家的信任，也严重影响了和谐社会的稳定和发展。④攀比一直是经济发展的大障碍①，攀比消费引发短期消费过度膨胀，影响经济长期健康发展。某些人把有限的资金用来攀比，购买一些高档商品或大办红白喜事，导致生产资金不足，从而影响了正常的生产活动。攀比消费心理越强，阶段性消费越高。阶段性消费提高会引起总需求增加和总供给相对减少，诱发物价上涨，影响经济稳健发展。攀比消费抑制居民的经常性消费，导致居民消费倾向降低，消费增长缓慢，削弱了经济发展的后劲，致使整个国民经济失去活力，严重阻碍了经济目标的实现和改革发展的步伐，最终使人们实际生活质量下降。

对于消费者个人来说：①攀比消费导致个人过度消费、超前消费。为了面子或社会地位，人们不惜花费金钱，盲目追求产品的象征意义或符号价值，甚至不惜借钱购买一些根本不需要或用不上的产品，浪费现象非常严重。为了人情，人们宁愿借债也要到处送大礼。在农村，这种过度消费引发一些农民提前消费、负债消费，严重影响了农民的正常生产和生活。②攀比消费容易诱使人们情绪反常，产生自卑感。攀比之后，若自己比别人强，就感觉很有面子，神采飞扬，情绪高涨，目中无人；若自己比别人差，就感觉颜面扫地、脸上无光，情绪失落，自尊心受到伤害，产生自卑感，甚至不求上进，破罐子破摔。③攀比消费容易伤害感情。在日常的交往中，个人不是与甲攀比，就是与乙攀比，比他人强，便瞧不起他人，不把他人放在眼里；比不过他人，就可能产生嫉妒心理，造谣、诬陷别人，损害别人的名声，破坏彼此间的感情。在农村，农民因面子而相互攀比、争争吵吵，有甚者因面子反目成仇，导致邻里乡亲的那份

---

①厉以宁. 攀比是经济发展的大障碍 [J]. 中国经济信息，2017（12）：80.

情谊荡然无存。④攀比消费影响家庭和睦。为了攀比，有些人不顾自己的实际情况，追求不切实际的生活，消费水平远远超出家庭的承受能力，导致家庭经济更加困难，甚至使家庭破裂、妻离子散。在农村有些家庭，青年男女之间的感情是建立在彩礼的基础上的，结婚时女方因盲目攀比而索要高额彩礼，致使一些家庭因结婚而负债累累，既影响了男女双方家庭的关系，也导致部分年轻人婚后感情不合，家庭矛盾重重。

总之，攀比消费既影响个人的生活，也影响社会的稳定，这与国家大力倡导和谐社会和可持续发展战略是不协调的，只有抵制攀比消费，才能让人们真正过上幸福快乐的生活。

1.1.3 近年来相关领域的研究现状

在国外，攀比消费与"keep up with the Joneses"意思相近，主要指与邻居攀比，邻居买了啥东西，不管自己家庭条件如何也要买，而且还要买比邻居更好的。国外对攀比现象的研究集中在经济学领域，着重研究攀比效应对经济的影响，例如，H. Leibenstein 研究了攀比效应对消费者需求的影响，Jordi Gali 研究了攀比消费对资产价格的影响。在社会学或营销学领域，国外学者对攀比消费的研究非常少，主要是对炫耀性消费的研究，例如，凡勃伦在《有闲阶级论》中详细考察了上层社会的炫耀性消费形态；Aron O'Cass 和 Hmily McEwen 用实证研究了地位消费和炫耀性消费的关系；Fernando Jaramillo 和 Fabien Moizeau 研究了炫耀性消费和社会分层间的关系；Etta Y. I. Chen, Nai-Chi Yeh 和 Chih Ping Wang 开发了炫耀性消费测量量表；Andrew B. Trigg 提出影响炫耀性消费的重要因素不是收入而是模仿消费；炫耀性消费不仅与社会模式有关，还与人们不同的社会价值观相关（Dubois & Duquesne）；参照群体、性别和地位消费是影响炫耀性消费的三大因素（Aron O'Cass）。

在中国期刊全文数据库中，笔者以"攀比"为题名，通过模糊查找方式对1965年以后的论文、报纸进行检索，发现与攀比特别是攀比消费有关的论文非常少，报道也不多，相关著作出版得也比较少。50多年来涉及攀比的文章共1325篇（包括新闻报道），其中近5年来有531篇，其中属于核心期刊的论文不到20篇，近2年来只有138篇，与攀比消费有关的文章有23篇（统计时间截至

2022年11月10日），由此可见，研究攀比现象的论文数量增长得很慢，并有下降的趋势，这也说明近年来人们对攀比现象关注得不够。目前针对攀比现象的研究集中在经济学和社会学领域，如袁芳英和许先普发表于《农业技术经济》的《攀比效应下货币政策与城乡居民消费的关系研究》，罗小兰和丛树海发表于《统计研究》的《基于攀比效应的中国企业最低工资标准对其他工资水平的影响》，卢宪英发表于《中国农村观察》的《社会比较理论视角下的农村攀比现象考察——以山东省3市10村为例》，代锋和夏红雨发表于《湖南行政学院学报》的《农村居民"畸形攀比"现象对主观幸福感的影响——基于社会比较理论视角》等。在营销学领域只有两篇文章，即杨敬舒和晁钢令发表在《消费经济》的《中国居民攀比性消费行为的成因和影响研究》和杨敬舒发表在《西北大学学报》（哲学社会科学版）的《中国居民攀比性消费行为影响因素的实证研究》。

国内学者对炫耀性消费的研究明显多于对攀比消费的研究，在中国期刊全文数据库中检索"炫耀性消费"，2001—2022年22年间与炫耀性消费有关的论文有717篇，其中核心期刊论文有287篇。这些论文的研究对象绝大部分是大学生，涉及农村居民的较少，核心期刊论文中涉及农村居民的就更少了，仅见张小莉、李玉才和孙学敏发表于《农业经济》的《当前中国农村结婚高消费观念的社会学分析——基于炫耀性消费理论》，金晓彤和崔宏静发表于《社会科学研究》的《新生代农民工社会认同建构与炫耀性消费的悖反性思考》等文章。

从国内外对攀比消费的研究情况来看，这一领域的研究存在以下几个方面的不足。

第一，对攀比消费研究得非常少，主要研究炫耀性消费或奢侈品消费。

第二，对攀比及攀比消费的概念没有界定，对攀比消费形成的理论基础没有深入研究，对影响攀比消费的因素论述很少。

第三，从研究方法来看，国内大部分学者使用理论分析比较多，实证研究不足；从研究领域来看，经济学领域研究较多，营销学领域研究较少；从研究角度来看，国外学者主要从经济学角度通过数学模型来研究攀比效应对经济的影响，国内学者大多从心理学方面阐述攀比的危害性。

第四,从研究对象来看,国内学者以农村居民为研究对象的非常少,绝大部分是以学生为研究对象,探讨学生攀比心理的形成、攀比的危害性及其应对策略。

1.2 理论视角与研究对象和问题

1.2.1 理论视角

消费者行为学是在普通心理学的基础上形成和发展起来的,它的研究涉及多门学科,如社会心理学、社会学和经济学等。社会心理学主要研究个体在互动过程中产生的特有心理现象,如从众、感染、模仿和暗示等心理因素,主要关注的是哪些因素影响消费者个体的行为,这些因素又是如何相互作用、相互影响的。社会学主要观察社会力量对消费的影响,例如,文化、年龄、性别、婚姻、家庭、社会阶层、民族等社会背景如何影响个体或群体的消费行为。经济学主要通过效用理论、需求的价格弹性、各种收入假定、恩格尔定律等理论,解释消费者的消费偏好、消费结构、购买数量等方面。

在20世纪80年代中期,国内学者从西方引入了消费者行为学理论,直到20世纪90年代,我国消费者心理与行为问题才引起学者们的关注,特别是香港和台湾的学者,例如,对中国消费者生活方式的研究(Oliver H. M. Yau),对中国消费者研究方法的研究(杨中芳),等等。在香港和台湾学者的研究的启发下,内地学者开始关注并研究本土化的消费者行为,其核心是脱离西方消费者行为学研究的理论和方法,寻找具有中国特色的消费者行为的研究理论和方法,探寻中国消费者特有的消费行为模式①。

对消费的理解不能仅停留在经济学和心理学领域,还要进一步延伸到社会学领域,从社会和文化方面来分析消费行为。攀比消费作为农村居民消费行为中的一个普遍现象,受家庭结构、家庭收入水平、参照群体、传统文化、风俗习惯、消费观念等因素影响,也应该从多个角度综合分析,但目前国内外消费

---

① 杨晓燕. 中国消费者行为研究综述 [J]. 经济经纬, 2003 (1): 57.

者行为学、社会学、社会心理学以及农村社会学等领域对之均不够重视,更缺乏深入和系统的研究。社会学、社会心理学和消费者行为学的有关理论可以用来解释攀比及攀比消费形成的原因,例如社会比较理论、面子磋商理论、社会认同理论和马斯洛需求层次理论等,并能用这些理论来探索影响攀比消费的若干主要因素。本书主要是从社会学、社会心理学和消费者行为学角度出发,利用社会比较理论、面子磋商理论和社会认同理论,研究我国农村居民攀比消费及其影响因素。

1.2.2 研究对象

2021年末,我国人口总数达14.1260亿人,其中农村人口有4.9835亿人,占全部人口总数的35.3%①。农村市场非常庞大,农村消费者已成为企业争夺的目标顾客。对农村居民消费行为的研究也越来越受学者重视,它已成为经济学领域中的一个重要课题,这种关注还延伸到了营销学领域。

在国内,不同学科领域对农村消费者的称呼不一,有"农村居民""农民"和"村民"之称,并且相互替代使用,它们之间其实略有区别。"农村居民"是相对于城镇居民而言的,指居住在农村地域内的一切社会成员,包括农民和非农人员,后者如回乡居住的离退休人员、在城镇工作但居住在农村的各类人员②。"农民"的概念比较广泛,它作为一种职业概念是指以土地为生,直接从事农业生产的劳动者;作为一种身份概念是指农村户籍人员。普遍认为农民是指户口登记在农村并为农业户口的公民,一般是农村劳动者,不包括农村的未成年人③。谷中原认为,农民是指持有农村户口,以农业生产为经济来源,居住在农村地区,深受传统文化影响的社会群体④。"村民"的概念目前还没有明确的界定。2000年7月25日,在北京市十一届人大常委会第20次会议上,委员们给"村民"下了一个定义:凡18周岁以上且具有某村农业户口就应该为该村

---

① 数据来源:2021年国民经济和社会发展统计公报. 中国统计局网站, http://www.stats.gov.cn/tjsj/zxfb/202202/t20220227_1827960.html.
② 刘豪兴. 农村社会学 [M]. 2版. 北京:中国人民大学出版社, 2008:59.
③ 刘豪兴. 农村社会学 [M]. 2版. 北京:中国人民大学出版社, 2008:58.
④ 谷中原. 农村社会学新论 [M]. 武汉:武汉大学出版社, 2010:153.

村民，村民的配偶即便户口未迁入，但在本村居住的也是本村村民①。楚国良认为，村民是在一定时期内，居住在某一乡村区域或村庄内，受某一区域或村庄组织领导管理的自然人②。尽管从概念上看，农村居民包括农民和村民，但本研究采用学术界通用的做法，不严格界定它们之间的区别，因此，本研究中"农村居民""农民"和"村民"三者含义等同。

因研究需要，本书所指的"农村居民"（"农民"或"村民"）主要是指户籍在农村并具有消费决策能力的群体（包括住在郊区和城镇的农民），他们可能在户籍所在地长期生活和劳动，也有可能长年外出打工并将大部分收入带回农村消费。

1.2.3 研究问题

本书从农村居民攀比消费的实际情况出发，以面子磋商理论、社会认同理论和社会比较理论为主要理论基础，对影响农村居民攀比消费的若干主要因素进行实证研究，主要解决以下问题：

（1）什么是攀比消费？农村居民攀比消费的原因何在？

（2）在我国农村社会，人们除了日常的生活消费外，还表现出了地位消费、模仿消费和人情消费等行为，这些消费行为的竞争和比较是否导致了攀比消费的发生？

（3）农村社会是一个典型的熟人社会，人们非常讲究面子，那么面子对攀比消费有何影响？面子与地位消费、模仿消费和人情消费又有何关系？

（4）近年来，农村居民的价值观发生了变化，那么价值观变化对面子有何影响？价值观变化对攀比消费又有什么影响？

（5）农村居民个人的属性不同，其在攀比消费中是否存在差异性，比如，性别、年龄、教育程度、收入水平等不同的个人在攀比消费中有无差异？

（6）城乡居民在攀比消费及其影响因素上是否存在着差异性？

---

① 参见百度百科对"村民"的定义，http：//baike.baidu.com/view/234690.htm.
② 楚国良. 中国农民问题"三问". 楚国良的blog：http：// blog.gmw.cn/u/20686/archives/2008/15826.html.

1.3 研究意义

1.3.1 理论意义

针对国内外学者对攀比及攀比消费研究的不足和我国农村居民攀比消费研究的空白，本研究的理论意义表现在以下几个方面。

1. 丰富本土消费者行为学的理论研究

自消费者行为学引入我国以来，国内外学者都没有重视对中国消费者基本行为的研究。在已有的研究中，国内学者主要套用国外的理论和方法来探讨我国消费者消费行为问题，在研究中忽视了我国与国外消费环境及消费者行为的差异性，导致研究结果的实用价值偏低。从总体来看，对中国消费者行为的研究才刚刚起步，在很多领域都存在着空白。杨中芳认为，过去国内许多社会学研究者做实证研究太过依赖西方的概念及研究工具，结果看见的都是平均数、标准差，而没有看见中国人与西方人在"质"上的差异性，以至在他们的研究中完全没有本土化的意味①。只有从本土化出发，研究我国居民消费行为问题，才能解读我国消费者行为的"黑箱"，探索我国消费者消费行为的规律。

2000年以来，在香港和台湾学者的启发下，中山大学卢泰宏教授带领团队，从消费者本土化的角度出发，研究我国青年消费者行为、女性消费者行为、儿童消费者行为、老年消费者行为和独生代消费者行为，并出版了《中国消费者行为报告》一书；上海财经大学的博士生胡维平2006年以上海市为样本研究了我国都市消费者行为。本书以我国农村居民为研究对象，研究我国农村居民的消费行为，特别是攀比消费行为，系统地梳理农村居民攀比消费的种种表现，探索农村居民攀比消费形成的心理根源，识别出关键的影响因素。这有助于我们更好地认识和了解农村居民攀比消费行为，丰富农村居民消费行为研究成果，也有利于促进本土消费者行为学和消费社会学的理论与实践的发展。

---

① 杨中芳. 如何理解中国人：文化与个人论文集 [M]. 重庆：重庆大学出版社，2009：322.

第1章 研究概述

2. 补充和完善对农村居民消费行为的研究

消费者行为学涉及多学科问题，国内学者主要从经济学角度研究农村居民的消费行为，包括三个方面：一是消费结构或支出习惯的研究；二是消费行为及其影响因素的分析；三是消费行为和消费心理的实证研究[①]。在经济学领域，国内学者从宏观统计数据出发，以收入水平为自变量，以消费支出为因变量，研究农村居民的消费行为，这种研究很难挖掘农村居民消费的深层次原因。与此同时，从过程到结果来看，学者们的研究具有很大的相似性，表现为数据来源相似、研究模型相似、分析方法相似、解释变量相似、所得结论相似、策略建议相似，并且所用研究模型的假设前提与中国农村实际情况存在非常大的差异。

中国是世界上农村人口最多的发展中国家，农村市场的发展潜力巨大，但学者们很少从消费者行为学角度研究我国农村消费者。本书从微观角度出发，通过实地访谈、文献研究和问卷调查等方法，结合社会学、社会心理学、消费社会学和消费者行为学相关理论成果，从社会文化环境、风俗习惯等方面，挖掘农村居民攀比消费形成的深层次原因，弥补单纯从经济学角度研究的不足。在实际的访谈中，笔者也发现收入并不是影响农村居民消费的主要因素，特别是在攀比消费中，社会因素、文化因素、心理因素才是重要的影响因素，而这些因素往往是经济学研究者所忽略的，这也是经济学研究者的研究结果具有趋同性的原因。因此，本研究从多学科角度研究农村居民攀比消费，研究结论能补充和完善国内对农村居民消费行为的研究。

1.3.2 实践意义

我国政府提出了建设社会主义新农村的目标，为了实现该目标，就需要有一个健康文明的农村消费环境，使农民树立正确的消费观，攀比消费在一定程度上制约了这个目标的实现。因此，研究农村居民攀比消费及其影响因素就很

---

① 这里的消费行为并非消费者行为学所涉及的消费行为，主要还是指农民消费结构或支出习惯。

有必要。

1. 有助于地方政府采取合理有效的措施，遏制不良的攀比消费之风

在实地调查中，笔者发现，富裕起来的农民生活质量有很大提高，消费支出也大幅度增加，攀比消费非常严重。攀比消费导致农民不切实际地铺张浪费、提前消费，盲目的竞争和攀比既影响了村民的日常交往活动，也不利于农村社会的稳定和发展。在调查中，有些村民对攀比消费比较反感，但是又没有办法制止这种现象，村民们强烈希望当地政府能引导他们正确消费，杜绝这种不良的攀比消费现象，还农村和谐文明的消费环境。研究农村居民攀比消费的形成机制及其影响因素，既能引起地方政府的重视，也能促使地方政府根据当地的实际情况，采取合理有效的措施，遏制攀比消费之风。

2. 正确引导农村居民合理消费，有利于刺激内需，发展农村经济

研究发现，影响农村居民攀比消费的主要因素有价值观、面子观念、地位消费、人情消费和模仿消费，这五种因素既受到中国传统文化、风俗习惯影响，也受当今社会流行的消费主义影响。由于消费环境的制约，农村居民消费理念不成熟，非理性消费趋势明显，因此，只有正确引导农民进行合理的地位消费、模仿消费和人情消费，才能在一定程度上遏制攀比消费。在社会主义新农村建设过程中，地方政府采取多种方法宣传和引导农民合理消费，有利于农民树立正确的消费观，量力消费，同时政府也要积极做好相关消费政策的宣传和落实工作，如"家电下乡"政策，使农民适度消费，购买所需产品。地方政府积极引导农民合理消费，既可以刺激内需，发展农村经济，又可以使农民改善生活环境和提高生活质量，真正过上好生活。

3. 抑制攀比消费，有利于构建节约型社会

在市场经济条件下，外部环境的刺激使农村居民在消费中热衷追求商品的符号价值；在面子意识的支配下，农民喜欢在大小事方面攀比消费。攀比消费不仅使部分农民再次返贫，还破坏了勤俭节约的社会风气，这与建设社会主义节约型社会的思想完全背道而驰。

当今中国正处于实现中华民族伟大复兴的关键时期，国家强盛、民族复兴

需要物质文明的积累，更需要精神文明的升华。前进道路不可能是一片坦途，我们必然要面对各种重大挑战、重大风险、重大阻力、重大矛盾，决不能丢掉革命加拼命的精神，决不能丢掉谦虚谨慎、戒骄戒躁、艰苦奋斗、勤俭节约的传统，决不能丢掉不畏强敌、不惧风险、敢于斗争、敢于胜利的勇气[①]。节俭朴素，力戒奢靡，是我们党的传家宝。现在，我们生活条件好了，但艰苦奋斗的精神一点都不能少，必须坚持以俭修身、以俭兴业，坚持厉行节约、勤俭办一切事情[②]。我国农村居民是一个庞大的消费群体，是未来消费的主力军，更应该积极参与建设节约型社会，抛弃不良的消费行为。

1.4 研究思路与框架

1.4.1 研究思路

本书首先从农村居民攀比消费的现象出发，界定与攀比消费相关的概念，提出攀比消费形成的理论基础，分析影响农村居民攀比消费的主要因素及各因素间的关系和各因素与攀比消费的关系，在此基础上根据面子磋商理论、社会认同理论和社会比较理论提出研究模型；然后进行量表设计、问卷调查和数据分析；最后得出研究结论。本书的研究思路如图1-1所示。

1.4.2 研究框架

全书共6章，每章内容安排如下：

第1章研究概述。在研究概述部分分析了研究背景，阐述了理论视角和研究问题、研究意义和文章的整体框架。

第2章理论与文献综述。本章界定与攀比消费相关的概念，指出了攀比消费形成的理论基础，分析了影响农村居民攀比消费的主要因素。

---

① 新华社. 习近平主持中共中央政治局第三十一次集体学习并发表重要讲话[EB/OL]. http://www.gov.cn/xinwen/2021-06/26/content_5621014.htm.

② 新华社. 习近平在中央党校（国家行政学院）中青年干部培训班开班式上发表重要讲话[EB/OL]. http://www.gov.cn/xinwen/2021-03/01/content_5589536.htm.

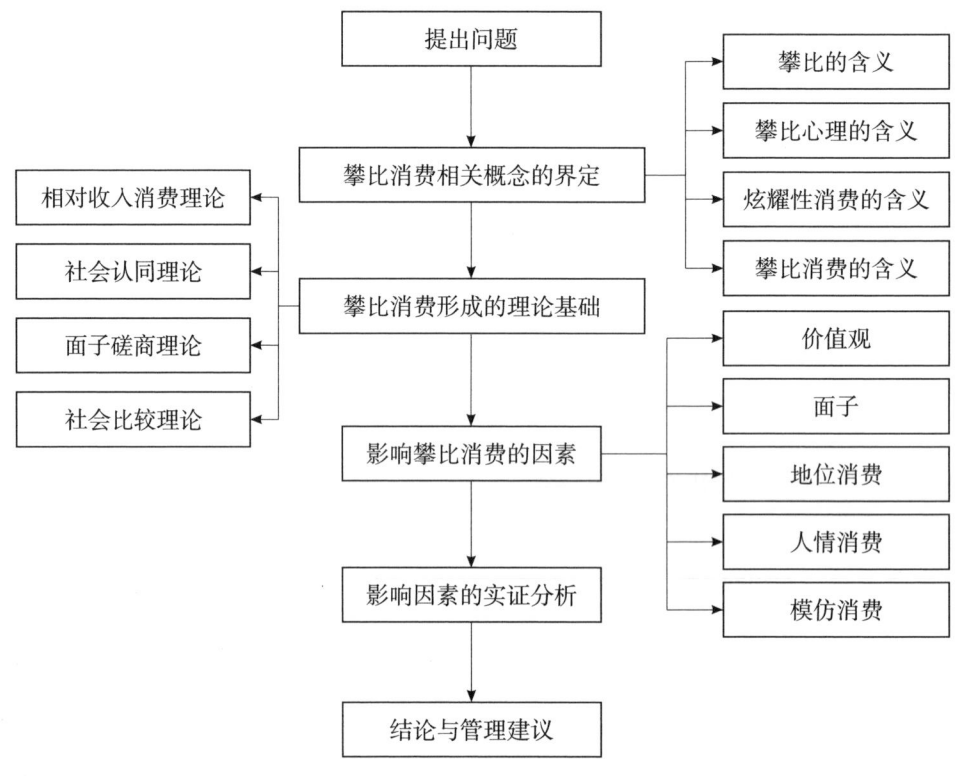

图 1-1 研究思路图

第 3 章研究设计与理论假设。本章对相关的概念进行了界定，指出了研究方法，并在理论依据的基础上提出研究假设和研究模型。

第 4 章量表的探索性研究及调查。本章确定了模型中各变量量表的编制方法，结合深度访谈的结果确定了各变量的量表，进行量表的预调查和正式调查。

第 5 章数据分析与模型检验。首先，利用 SPSS 17.0 软件进行数据整理和探索性因子分析；其次，利用 LISREL 8.70 软件进行验证性因子分析和量表的信度、效度检验，结构方程模型检验和社会比较的调节效应分析；最后，利用 ANOVA 方法来分析性别、年龄、地区、家庭收入对农村居民攀比消费行为的影响程度，以及城市居民和农村居民在攀比消费行为上的差异性。

第 6 章结论。本章对全书进行归纳和总结，并在结论基础上提出研究建议：一是对政府抑制攀比消费现象的建议，二是对企业开辟农村市场的建议。

第1章 研究概述

本书的研究框架可以用图1-2来表示。

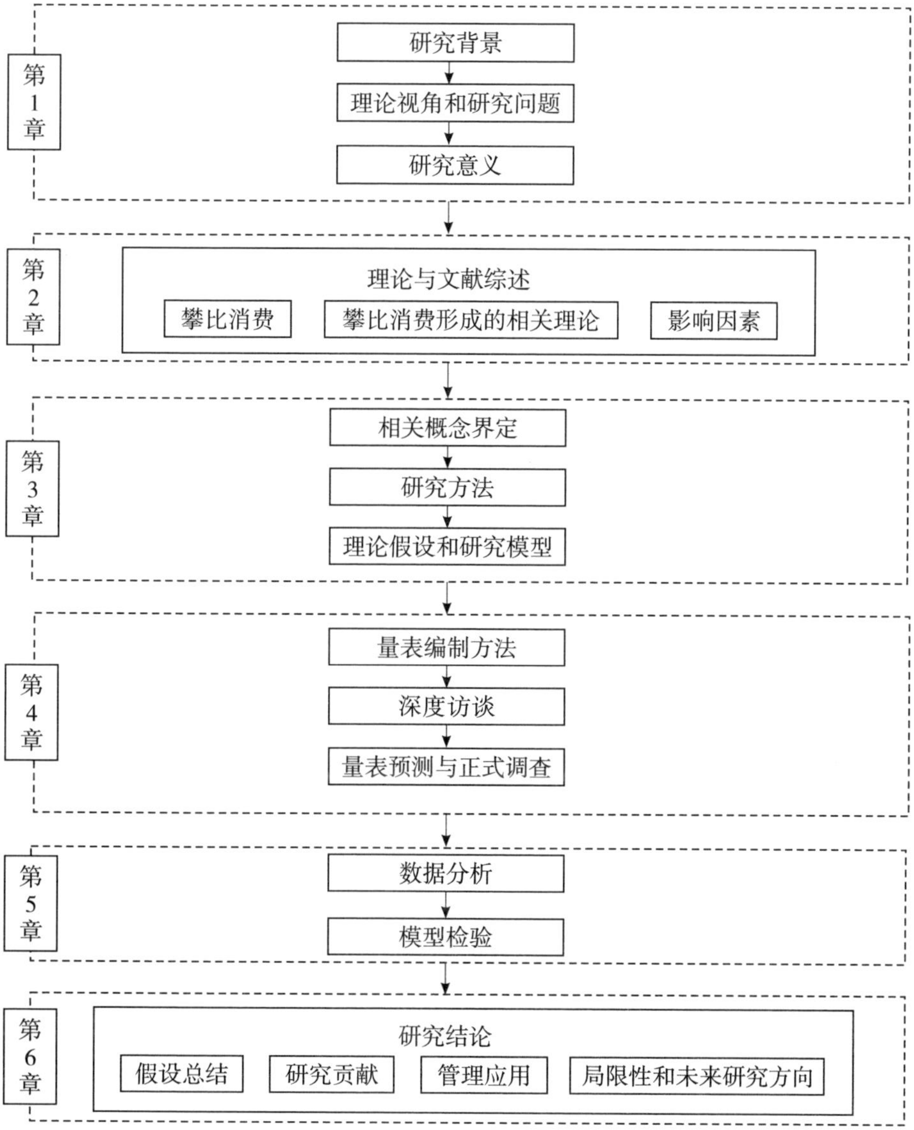

```
第1章
  ├─ 研究背景
  ├─ 理论视角和研究问题
  └─ 研究意义

第2章
  └─ 理论与文献综述
      ├─ 攀比消费
      ├─ 攀比消费形成的相关理论
      └─ 影响因素

第3章
  ├─ 相关概念界定
  ├─ 研究方法
  └─ 理论假设和研究模型

第4章
  ├─ 量表编制方法
  ├─ 深度访谈
  └─ 量表预测与正式调查

第5章
  ├─ 数据分析
  └─ 模型检验

第6章
  └─ 研究结论
      ├─ 假设总结
      ├─ 研究贡献
      ├─ 管理应用
      └─ 局限性和未来研究方向
```

图1-2 研究框架图

第 2 章　理论与文献综述

攀比消费作为消费社会学和消费者行为学中的一种消费形式，受消费文化、参照群体、个人心理等因素影响。在我国，农民面子观念根深蒂固，为了面子，人们进行攀比消费；农民在地位消费、模仿消费和人情消费中与周围人比较，比较后可能会失面子，后在虚荣心的驱使下，通过攀比消费来挽回或保护自己的面子。本章将对攀比、攀比心理、炫耀性消费、攀比消费的含义，以及攀比消费形成的理论基础和影响农村居民攀比消费的相关因素进行讨论和述评。

2.1　攀比消费的相关含义

2.1.1　攀比的含义

关于什么是攀比，在社会学和经济学领域都没有学者下过一个明确的定义。在英文中，"攀比"用"bandwagon"表示，指消费者为了追求潮流，他人购买得越多，自己的购买欲望就越强。消费者在追求商品与劳务的非功能性需求时多呈现出攀比效应。"攀比"一词在《现代汉语词典》中的释义为"援引事例比附"，"攀"即抓住东西向上爬，"比"是比较、较量。因此，攀比可被认为是个人抓住某种东西往上爬，不顾自己的实际条件，盲目与高标准比较。攀比是一种比较思维过程和方法，有高攀、比较之意，它也是个人为了心理平衡，将自己的生活状况与他人进行比较的心理模式。相互攀比就是左邻右舍之间互比好坏、互比高低、互比上下等。攀比作为一种比较方法，与其他比较方法的不同之处在于它是向上比较，而不是向下比较，或者说攀比具有趋高性，只比高不比低。卢宪英认为，攀比广泛存在于社会比较中，但它并不等同于社会比较，而是一个比社会比较更狭窄的概念，是一种旨在展示自身优越性、竞争性的特定社会比较形式①。

攀比通常是由虚荣心引起的,是个人把自己的缺点同别人的优点比较,相形见绌,造成心理不安。攀比动机主要有四个方面,即获取心理上的自我满足、获得真实的利益、获得群体归属感、促进自我进步。对攀比的理解主要在于两点,即比什么和怎么比,前者指攀比的内容,后者指攀比的方法。如果与人比成绩、比贡献,这种攀比是积极的、鼓励的;如果与人比吃穿、比享受,这种攀比是消极的、反对的。在农村,攀比的内容包括生活环境、社会地位、生活方式、子女教育、思想情绪、价值观念、情感体验和社交活动等方面,攀比的方法是村民与生活圈中的人进行跨越相互借鉴、相互点评等普通比较界限的极端化攀比,攀比的结果是以一种脱离现实且带有超虚荣色彩的比较结果来评估自身的价值和生活状态。现实生活中人们讲的攀比通常是负面的,并带有很强的贬义色彩。

在农村访谈中,村民对于"攀比"也有自己的理解。他们认为:攀比不仅仅是通常所说的比较,更重要的是它在人的行为中表现为一种激进冒失,甚至是一种妄自尊大的盲目(个案13②);攀比能反映在村民的许多生活细节中,要比别人强就是村民眼中的攀比(个案15);攀比是一种争强好胜,不能输给别人,在别人面前有一种满足感(个案16);攀比其实也是不甘落后、追求个人目标的实现(个案17);攀比是一种心理状态,感觉别人有了,自己也有才舒服,属于一种不正常、不良的现象(个案22)。

结合国内外学者对攀比的论述和农民对攀比的理解,笔者将"攀比"定义如下:攀比是一种向上比较的思维过程,其目的是通过某种行为使自己在某一方面超过他人或至少和他人相同,从而追求心理平衡,保护自尊或获取社会认同感。

2.1.2 攀比心理的含义

攀比心理是攀比行为的基础。攀比心理(bandwagon psychology)是消费者

---

①卢宪英.社会比较理论视角下的农村攀比现象考察:以山东省3市10村为例[J].中国农村观察,2014(3):65-72.

②此处个案为笔者及团队在走访调查过程中的分析案例。

在攀比时的心理活动，它是消费心理的一种，是消费者脱离自身实际收入水平而盲目攀高的消费心理①。它是消费者在某些方面将自己与别人比较，并希望超过别人的一种心理状态。它也是消费者不满足于现状，不愿落后于人而想超过他人的一种心理意识。在我国社会转型时期，攀比心理是个人或组织站在自己的角度相互比较，并追求较高水平生活方式的一种社会心理。在我国农村地区，农民的攀比心理是以注重场面、炫耀财富、显示地位为特征的消费心理，具体表现为农民追求虚荣心和面子，希望在某些方面超过他人。在某种程度上看，攀比心理也是人们受生活环境影响，特别是参照群体示范效应的影响，在面子意识的制约下，而形成的一种社会情感、风俗习惯，是一种低水平的社会意识。在社会生活中，很多人都存在攀比心理。它是以自己的短处同别人的长处比较，通常是比财富、比名声、比地位等，极易引起人们追逐消费热点、负债消费、超前消费等怪现象，将消费行为引入误区。

易世杰认为攀比心理的形成有攀比者、攀比目标和攀比对象三个要素。从攀比心理形成三要素来看，攀比形成的条件有四个：①从攀比的层次来看，攀比者和攀比对象属于同一个层次；②从攀比的目标来看，攀比的目标一般是财富、声望、面子或地位；③从攀比者来看，他付出一定的努力就能实现该攀比目标；④从攀比对象来看，他必须通过某种行为或方式实现攀比目标。只有同时具备以上四个条件，攀比行为才能发生。

2.1.3 炫耀性消费的含义

任何消费行为，都是以消费者的心理活动为行为依据的，攀比消费的行为依据是攀比心理。在西方学术界，学者更多地将目光聚焦于炫耀性消费。

炫耀性消费的概念是加拿大社会学家和经济学家 John Rae 在 19 世纪 30 年代提出来的。他认为，虚荣心是一种人天生具有的超越他人的欲望，目的是拥有他人不曾拥有的东西，因此，他从虚荣心的角度解释了炫耀性商品的性质和

---

①林崇德，杨治良，黄希庭. 心理学大辞典（上）[M]. 上海：上海人民出版社，2003：883.

效用①。凡勃伦在《有闲阶级论》一书中，在与"炫耀性有闲"（conspicuous leisure）的比较中首次提出炫耀性消费理论，但没有明确指出炫耀性消费的定义。他认为"从对炫耀性有闲与炫耀性消费发展情况的观察来看，两者之所以同样具有博取荣誉这个目的上的功用，是因为两者都有浪费这个因素。前者浪费的是时间和精力，后者浪费的是财物。两者都是表明拥有财富的方法，同时两者也习惯性地被认为是二合一的"②。

不同学者对炫耀性消费的理解不同。凡勃伦认为，炫耀性消费是暴发户和上层阶层为了显示自身财富和社会地位而购买商品的行为。Mason 认为，炫耀性消费是一种追求社会地位的独特消费行为。Aron O'Cass 和 Hmily McEwen 指出，炫耀性消费是个人通过公开消费所能拥有的商品而向别人传达地位的行为。炫耀性消费也是一种带有明确的意识动机的行为形式（Colin Campbell）。从心理学角度来看，炫耀性消费是一种高位置的竞赛信号（Frank）；从社会学角度来看，炫耀性消费是消费者尝试提高自己的地位，然后被社会所接受的行为（Coleman）。炫耀性消费主要通过公开消费可见产品，向个人的重要相关群体显示社会地位、财富、自我形象的行为倾向（Etta Y. I. Chen, et al.）。追求炫耀性消费是为了提高个人社会地位，可以通过显示财富、公开显露自身优越条件和与别人规范沟通来达到目的（Aron O'Cass & Frost）。炫耀性消费的目的也是进入某个社会群体，以便从社会交往中获利，一个人对某群体感兴趣是因为该群体能够提供市场上买不到的产品或服务，例如，交换友谊、交流工作信息和提供商业机会等（Fernando, Jaramillo, Fabien & Moizeau）。

Himadri Roy Chaudhuri 和 Sitanath Majumdar 对炫耀性消费的目的、行为动机、消费对象和主要的行为维度进行了详细的分析和总结，见表 2-1。

---

①刘飞. 从生产主义到消费主义：炫耀性消费研究述评［J］. 社会，2007（4）：136-151.
②凡勃伦. 有闲阶级论［M］. 北京：商务印书馆，2007：68.

表 2-1　炫耀性消费行为结构分析①

社会结构	消费的主要目标	行为动机	消费者	主要行为维度
前资本主义至封建主义	奴隶、妇女、食物	军队和政权	贵族	纯炫耀
现代资本主义	非常昂贵的产品，如钻石	社会权力和地位	贵族和上层阶层	炫耀（卖弄）、符号和唯一
后现代资本主义	形象和体验	自我表达和自我形象	中产阶层和群众	唯一、社会服从和从众

2.1.4　攀比消费的含义

从 Mason 对炫耀性消费的定义来看，人们炫耀性消费是为了追求一种社会地位。Franck Vigneron 和 Lester W. Johnson 认为，人们炫耀性消费是为了感知炫耀价值，出风头；攀比消费是为了感知社会价值，追求社会认同。那么什么是攀比消费呢？从字面上理解，攀比消费就是人们为了满足攀比心理而购买、消费产品或服务的行为。西方学术界一般用"keep up with the Joneses"（赶上琼斯家）来描述攀比消费，它是指别人有的东西我也要有。攀比消费以前是指消费者把邻居作为比较对象，邻居消费什么自己也要消费什么，现在则是指与同时代的周围任何人相比，别人消费什么自己也要消费什么（Beni Lauterbach & Haim Reisman）。朱丽特·斯戈在《过度消费的美国人》一书中指出，过去美国人进行攀比消费是以相似的邻居为攀比对象，今天美国人是以收入远远超过自己的人为攀比对象。广告和媒体所宣传的生活方式是中上阶层或者富裕阶层的生活方式，美国人却把这种生活方式当作普通人的生活方式，从而进行模仿、

---

①Himadri Roy Chaudhuri, Sitanath Majumdar, Diamonds and Desires. Understanding Conspicuous Consumption from a Contemporary Marketing Perspective, Academy of Marketing Science Review, 2006 (11): 3.

第 2 章 理论与文献综述

攀比，攀比对象的消费水准不断提高，导致攀比者总是赶不上攀比对象①。

与国外学者相比，国内学者对攀比消费的理解更深刻。彭华民认为，攀比消费是以市场经济为基础的消费方式，炫耀性消费则是以金钱力量为基础的攀比消费，两者相互关联。王慧芳和王晔指出，攀比消费是个人为了自己的地位、面子等，在他人消费的影响下，不顾自己的经济条件，追求不适用、近期不需要或根本不需要的东西，是一种畸形消费行为。卢泰宏等认为，"攀比消费的重要前提是消费者购买某种商品并非出于物质满足的需要，它的发生更多来源于攀比而形成的心理落差"②。贺建平认为，在消费社会中，人们的消费经济形态有三个层次：显贵型、中等阶层型、温饱型，当个人消费超过本阶层的消费标准，而刻意追求上一阶层的消费标准时，就可视为攀比消费。攀比消费也是消费者追求超越自身现有资源或收入水平的消费。范杰民指出，中国人的消费准则是人有我有，只要有办法，人们决不会在显眼的消费方面低人一等，这其实就是攀比消费。

一般而言，根据比较对象不同，人们的攀比可以分为理性攀比和感性攀比两种。理性攀比是指人们与既定的对象比较，从而促使自己按期完成符合自身实际的目标，由此导致攀比的行为。感性攀比又称盲目攀比，是指人们盲目地同和自己没有可比性的对象比较，在比较中产生心理落差并影响正常的生活，由此产生攀比的行为。人们通常所说的攀比，一般特指感性攀比即盲目攀比。

作为一种特殊的消费现象，攀比消费和一般性消费的最大区别在于它是以同他人消费进行比较为前提的。它是人们追求心理平衡或群体社会认可的表现，也是人们为了满足更高一层次的社会需要而出现的消费现象。Franck Vigneron 和 Lester W. Johnson 指出，人们攀比消费是为了追求与群体成员的一致性。在我国农村，攀比消费是指农民为了面子或满足个人虚荣心，不顾自身家庭经济条件去购买他人拥有的商品的非理性消费行为，农民攀比消费并不单是满足物质上

---

① 王宁. "国家让渡论"：有关中国消费主义成因的新命题 [J]. 中山大学学报（社会科学版），2007（4）：4.

② 卢泰宏，杨晓燕，张红明，等. 消费者行为学：中国消费者透视 [M]. 北京：高等教育出版社，2005：138.

的欲望，还是为了追求面子，获得他人认同，从而得到心理满足。

农村社会里贫富差距的拉大导致社会分层加快，加剧产生农村居民攀比消费现象。特别是随着社会的变迁和环境的改变，农村居民攀比消费的外延不断扩大，不仅仅表现在物质层面上的消费，更体现在精神层面上的消费。代锋和夏红雨的调查研究发现，农村居民的攀比消费表现在：①以透支信用和超出承受能力为方式的去"实用化"的消费享受攀比消费；②以品牌炒作和商业运作为逻辑的去"理性化"的住房环境攀比消费；③以聚集人脉和影响力为特点的去"健康化"的社会资本攀比消费；④以悖逆习俗和破坏传统为形式的去"真情化"的婚丧嫁娶攀比消费；⑤以尊卑贵贱为思维的去"荣辱化"的职业地位攀比消费[①]。

在农村访谈中，农民对攀比消费的理解基本一致。他们认为攀比消费就是别人有的东西自己也要有，别人能得到的自己也要得到（个案1、个案5、个案7、个案14、个案15、个案16、个案17、个案20、个案22）。如果贫富差距较大，那别人有的东西，自己有一个档次稍微差的也可以；如果贫富差距不大，那别人有的东西自己就一定要有，而且还要比别人更好一些、贵一些（个案2）。攀比消费就是在吃的方面讲求奢侈浮华，在住的方面追求宽敞豪华，在玩的方面追求花样繁多甚至堕落腐朽的生活，在用的方面，即使超出个人的经济能力也要购买别人已有的东西（个案13）。

笔者结合文献研究和深度访谈把攀比消费界定为：个人将自己的现状与别人比较，在比较中造成心理失衡，为了追求心理平衡，保护自尊，从而不顾自己的收入水平而盲目消费与别人相同或比别人更好的产品或服务的非理性行为。

从炫耀性消费和攀比消费的含义来看，它们之间存在着差异点和相似点，笔者根据相关文献把二者的区别和联系进行归纳，见表2-2。

---

① 代锋，夏红雨. 农村居民"畸形攀比"现象对主观幸福感的影响：基于社会比较理论视角 [J]. 湖南行政学院学报，2020（3）：83-90.

表 2-2 攀比消费与炫耀性消费比较

比较内容	攀比消费	炫耀性消费
社会阶层	中、下阶层	中、上阶层
消费目的	为了面子	为了地位、身份
消费的商品	炫耀性商品和非炫耀性商品	炫耀性商品
产生的效应	攀比效应（bandwagon effect），典型的连带外部正效应	凡勃伦效应（veblen effect），典型的连带外部负效应
比较方向	向上比较	向下比较
商品价格	高、中、低价格	高价格
相同方面	两者都是由虚荣心造成的	
	炫耀性消费是以金钱力量为基础的攀比消费	
	两者都受参照群体影响	

2.2 攀比消费形成的相关理论

任何消费行为的形成都是建立在一定的理论基础之上的，攀比消费形成的理论基础主要有相对收入消费理论、社会认同理论、面子磋商理论和社会比较理论。

2.2.1 相对收入消费理论

在经济学领域，美国经济学家杜森贝利（J. S. Duesenberry）用相对收入消费理论去论述收入和消费之间的关系。他认为个人的消费水平不是取决于本人的绝对收入水平，而是取决于同周围人相比的相对收入水平。他在相对收入消费理论中阐述了示范效应，即个人的消费受周围人的消费水平影响，特别是低收入者受攀比心理、追求个人或家庭的相对社会地位等因素的影响而使自己的消费处于和收入不相配的较高水平，在收入增加的情况下提高了短期消费水平。

根据杜森贝利的相对收入消费理论，人们在消费中存在攀比消费和相互影响的攀比效应。攀比效应（bandwagon effect）是指一种商品需求在某种程度上的增加，是因为其他人也消费了同样的商品，人们渴望购买该种商品是想进入某一个群体，为了保持与别人一致（H. Leibenstein），也就是想拥有与别人一样的商品。在攀比效应下，消费者认为其他人购买这种商品越多，他的购买欲望也就越强，并且认为拥有这种商品的人越多，这种商品的内在价值也就越大。为了进一步说明这个问题，杜森贝利采用"社会比较机制"来解释商品内在质量以外的因素为何会引起人们对需求的增加。他认为：第一，当高质量生活水准成为社会追求的目标时，它就会成为人们维护自尊的一种手段，而购买高价格的产品就成为高质量生活水平的证明；第二，消费模式是职业成功的表现，为了展现自己职业的成功，个人就必须达到高地位群体的消费标准；第三，社会地位不是天生的，而是后天努力的结果，是人们在相互比较中体现出来的。每一次比较的失败都将刺激人们去消费物品，来消除这种不利的比较，人们正是在比较中产生了冲动，从而促使消费欲望不断攀升①。

根据相对收入消费理论，攀比消费是示范效应作用的产物，是消费者在社会压力的作用下，以及社会比较中因顾及自己或家庭的社会地位，而提高自身消费水平的比较行为。

2.2.2 社会认同理论（Social Identity Theory）

社会认同理论是社会心理学的重要理论之一，它强调认同在群体中的作用和群体成员对个体行为的影响。泰弗尔（Tajfel）认为，社会认同是个体把自己归属于某个特定的社会群体，并认为该群体能给自己带来情感和精神上的依托。一般来说，社会认同是由社会分类（social-categorization）、社会比较（social-comparison）和积极区分（positive-distinctiveness）三个过程形成的，每一个过程对社会认同的产生都发挥积极的作用。1986年，泰弗尔正式提出社会认同理论。他认为，个体首先对周围群体进行社会分类，对自己喜欢的群体产生认同，形成内群体偏好和外群体歧视，内外群体间的不同比较和评价会使个体产生积极

---

①JAMES S. DUESENBERRY. Income, Saving and the Theory of Consumer Behavior [M]. Cambridge, Massachusetts: Harvard University Press, 1959: 22 – 32.

的自尊，个体通过实现或维持积极的社会认同来提高自尊，当社会认同或自尊受到威胁时，个体就会想方设法提高社会认同或自尊①。

社会认同理论假设个体的所有行为都是由自我激励和自尊这两种基本需要决定的。在实际生活中，个体为了满足自尊的需要，会特意在某些方面突出自己的特长，而自我激励的动机又促使个体在与群体的比较中表现得更加出色，这就是积极区分。社会认同理论认为，群体中低地位的个体会通过社会流动（social mobility）、社会竞争（social competition）和社会创造（social creativity）三种方法改变自己的社会地位，从而维持和提高自己在群体中的认同度。

从社会学角度来看，人们都属于某个社会群体，当群体间的收入水平、职业、家庭背景和文化程度等方面都相似时，他们就会形成一个内群体。内群体存在的一个重要条件就是个体在行为和态度上的一致性，追求一种社会认同。社会认同对群体内个体会产生一种心理压力，迫使个体按照群体要求从事自己的行为，一旦偏离群体要求，个体就会受到群体成员的疏远、孤立和排斥。在追求社会认同的过程中，个体非常重视自己在内群体中的形象，正如泰弗尔提出的，个体通过积极的社会认同来提高自己的形象，当社会认同受到威胁时，他们会采用各种方法来提高自己的形象。从社会学角度来看，消费的重要意义在于它既是用来建构社会认同的"原材料"，又是社会认同表达的符号和象征。人类学家弗里德曼（Friedman）也认为在世界范围内的消费总是对认同的消费②。除了一些外部因素外，社会认同对人们消费欲望的膨胀产生了重要的影响，也正是社会认同推动人们的消费欲望和消费水平不断提高。在日常生活中，人们相互攀比消费，主要是追求认同性。从这个角度来看，消费者在追求社会认同的过程中，以攀比消费证明自己，从而获得群体成员的尊重，提高自己在群体中的地位。

2.2.3 面子磋商理论（Face Negotiation Theory）

Goffman提出了戏剧理论。该理论认为在人际交往过程中，交往双方演出的

---

① 张莹瑞，佐斌. 社会认同理论及其发展 [J]. 心理科学进展，2006（3）：475-480.
② 王宁. 消费与认同：对消费社会学的一个分析框架的探索 [J]. 社会学研究，2001（1）：4-14.

角色由社会公众给予，在观众的注视下，演出的好坏关系到个人或团体的颜面，面子的运用等于个人对角色的理解，维护面子也就是演好角色，是以"面子"代表社会对个人行为规范要求的"结果"，种种扮演角色的技巧即为面子功夫①。他认为面子可以丢失、挽回、保护，当人们不能展现积极的自我形象时，他们会采取面子功夫来应对威胁。Brown 和 Levinson 提出了礼貌理论。该理论认为，在一个社会中，任何有能力的人都有面子，而且每个人都要面子，也或多或少知道如何选择方法来保护自我面子或维护他人面子；面子是个人要求他人认可的公众自我心像（public self-image），它可以丢失、维持或增加，并且是日常生活中需要注意的东西②。

Ting-Toomey 在 Goffman 的戏剧理论和 Brown、Levinson 的礼貌理论的基础上提出了面子磋商理论（face negotiation theory）。面子磋商理论可以解释人际交往中面子和面子功夫中的差异性和相似性及其原因。该理论的基本假设是各文化成员都在为他们想要拥有的面子而与交往对象进行磋商。面子磋商理论认为：①在所有文化环境中，在沟通交流情况下，人们试图保护和磋商面子；②在不确定的情况下（例如冲突情境），面子就变成特别重要的问题，这时交流者的身份就会被质疑；③文化环境、个人层次和情形的变化都会影响人们的面子选择，即是自我导向保护面子还是他人导向保护面子；④在人际交往中，文化环境、个人层次和情形的变化会影响各种面子功夫和冲突策略的使用。

Ting-Toomey 指出，面子实际上是个人的自我（self）在某种关系情境中呈现出来的心像。在不同的文化环境中，人们对"自我"的概念有不同的理解，在个人主义文化环境中，如美国、德国等，个人公开的自我呈现（即面子）与私下的核心自我相似；而在集体主义文化环境中，例如中国、韩国等，自我是一种以情境和关系为基础的自我，它需要在一定的社会网络和人际关系中来界定，并且通过面子功夫的磋商来加以维持。Ting-Toomey 和 Kurogi 指出面子磋商

---

① 朱瑞玲. 中国人的社会互动：论面子的问题 [M] // 翟学伟. 中国社会心理学评论：第二辑. 北京：社会科学文献出版社，2006：85.

② 周美伶，何友晖. 从跨文化的观点分析面子的内涵及其在社会交往中的运作 [M] // 翟学伟. 中国社会心理学评论：第二辑. 北京：社会科学文献出版社，2006：191.

理论中主要有两种面子：自我面子和他人面子。自我面子，涉及个人自己的形象；他人面子，涉及他人的形象。他们指出，在个人主义文化环境中，个体倾向使用自我导向的面子保护策略；在集体主义文化环境下，个体倾向使用他人导向的面子保护策略。在不同文化背景下，个体都会采用面子磋商策略来增加自己的面子。John G. Oetzel 和 Ting-Toomey 根据面子磋商理论制作出面子磋商理论模型，见图 2-1。

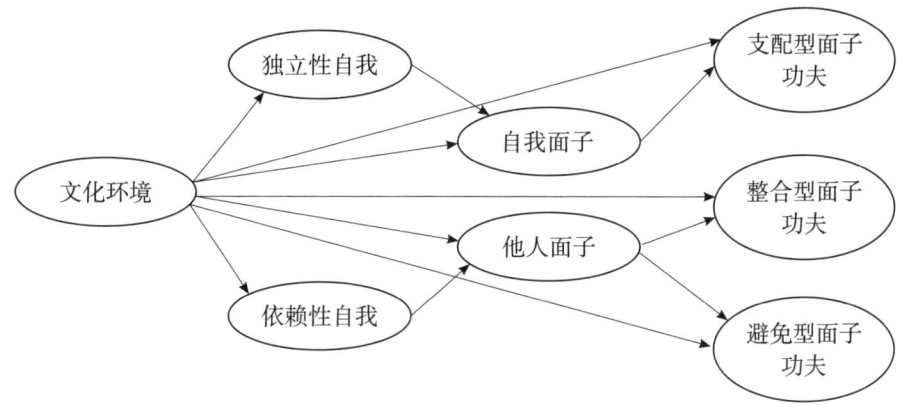

图 2-1　面子磋商理论模型①

从图 2-1 中可以看出，在面子磋商理论中，个人可用三种面子功夫来处理人际交往中的各种冲突问题，从而保护或挽回面子。第一种是支配型面子功夫，采取侵略和保护自我等措施，着重呈现出积极的、可信的形象，希望赢得冲突，保护和提升自我面子。强调自我面子的人经常采用支配型面子功夫。第二种是整合型面子功夫，采取道歉、妥协或保持冷静等措施，从而解决冲突，保护双方的关系，维护他人的面子。第三种是避免型面子功夫，采取让步等措施，保护关系，维护他人的面子，但没有直接解决冲突。强调他人面子的人经常采用整合型或避免型面子功夫（John G. Oetzel，Ting-Toomey，et al.）。在人际交往中，因担心丢失面子情景的发生，关心自我面子的个体有相当大的压力。有面

---

① OETZEL JOHN G, TING-TOOMEY STELLA. Face Concerns in Interpersonal Conflict: A Cross-Cultural Empirical Test of the Face Negotiation Theory. Communication Research 30 (6), 2003: 606.

子的个体会尽量控制情绪，从而降低冲突，维持社会秩序，因此避免面子丢失是个体维护社会形象非常重要的方面（Ting-Toomey & Kurogi）。丢失面子和保护面子是面子磋商理论中的关键内容（Ting-Toomey）。在人际交往中，当面临丢失面子的风险时，个体总是想法设法采取措施挽回或保护自己的面子或他人的面子（Ting-Toomey & Kurogi）。

2.2.4　社会比较理论（Social Comparison Theory）

美国社会心理学家费斯廷格（Festinger）在《论社会比较》一文中首次提出社会比较理论。该理论认为人们有正确评价自己能力、地位的动机，当个体不知道自己的能力或地位怎样时，他会试图与周围相似的他人进行比较，以评价自己，这个过程就是社会比较。社会比较又叫作人际比较，是一种普遍存在的社会心理现象。

社会比较理论主要是围绕两个问题展开的，即何时比较和与谁比较。Festinger 提出了相似性假设（similarity hypothesis）来回答这两个问题，他认为当个体想知道自己的能力或观点，而现实生活中往往没有一个直接的、客观的社会评价标准时，个体可通过观察发现相似的人，从而为自己提供更多真实的、有效的信息，这时个体就会倾向于与同自己能力和观点相似的人比较，通过比较获取相关的信息。在社会比较的过程中，人们往往选择自己最为熟悉的群体作为比较对象，以这个群体的行为作为评价自己的标准。

根据比较对象和目的的不同，社会比较可分为平行比较、向上比较和向下比较三种。平行比较是指个体与同自己相似的他人比较（Festinger）。向下比较（downward social comparison）是指个体的自尊受到伤害时，个体会倾向于和比自己差的人比较（Hakmiller）。向上比较（upward social comparison）是指个体喜欢和比自己强的人比较，通过比较寻找差距，从而不断自我进步（Wheeler, et al.）。

社会比较的动机是建立一个正确的自我评价，个体具有不可遏制的向上比较的动力（Festinger）。个体参与社会比较既是为了自我评价，也是为了自我完善和自我提高。Wayment 也明确提出，人们追求进步、提高自我、完善自我的动机使人们不满足于现状，希望通过比较获取相关信息，从而不断总结自己失败与成功的经验教训，以便做得更好。在社会比较中，比较的方向，即向上比较还是向下比较,是社会比较理论的核心要素(Latane)。当自我评价和自我完善占主导地位时,个体喜欢与情况较好的人比较,即向上比较(Wheeler)。在人们的比较目的是自我提高的情况下,当自尊心受到威胁时,人们倾向于向下比较(Hakmiller)。一般来说,人们倾向于与比自己强的人比较(Collins),尤其是在以竞争为导向的社会里或竞争的情况下,个体更倾向于向上比较(Stapel & Koomen),而向上比较的人强烈想拥有一种高消费的愿望(Kara Chan)。Schiffman 和 Kanuk 进一步研究发现,人们通过比较所拥有的物质财富来决定个人的相对社会地位,他可以向下比较来提高自尊,也可以向上比较来提升自我。

当个人进行社会比较时,不同的比较方向产生的情绪反应不一样。当人们向上比较时,引起消极的情绪反应较多,积极的情绪反应较少,自我评价也较低;相反,当人们向下比较时,产生积极的情绪反应较多,消极的情绪反应较少,自我评价也较高。根据自我评价维持理论(self-evaluation maintenance theory),当个体向上比较造成自尊心受到伤害或产生消极情绪时,个体会尝试使用不同的方法挽回自尊心(Tesser, Millar & Moore),这些方法包括回避比较、选择新的比较标准、降低社会比较水平和数量等。根据自我提升(self-enhancement)理论,每个人都有维持积极自我的欲望,当自尊心受到伤害时,个体为了挽回自尊心,可能采用自我提升机制,去购买能够表现自我的象征性产品(Swann, Griffin, Predmore & Gaines)。当个体向上比较造成消极情绪时,根据情绪调节理论(affect regulation theory),个体会采取某种行动来调节自己的情绪,例如去购买相关的产品挽回自尊或改善情绪;而积极情绪者,为了维持自己的好心情,会尽可能不去做任何破坏好心情的事情(Zillmann)。

2.3 农村居民攀比消费的影响因素及其文献综述

西方学者在研究炫耀性消费时发现,炫耀性消费作为有闲阶级的一种生活方式,受到多种因素的影响,例如:炫耀性消费不仅取决于个人实际消费支出,还取决于与别人相比较的支出,参照群体对炫耀性消费也有重要的影响(Duesenberry);收入越高的人越容易通过炫耀性消费来显示其个人的成功,收入因素对炫耀性购买行为既有放大效应,也有缩小效应(Rauscher);影响炫耀性消费的重要因素不是收入而是模仿消费,即个人模仿地位层次较高群体的消费形式(Trigg);炫耀性消费不仅与社会模式有关,还与不同人的社会价值观相关(Dubois & Duquesne);参照群体、性别和地位消费是影响炫耀性消费的三大因素(Aron O'Cass)。

国内学者在研究我国居民炫耀性消费时发现,中国的儒家文化和价值观作为传统的文化因素会影响消费者的炫耀性消费,而面子意识、参照群体、地位消费也会影响炫耀性消费。相对于西方消费者而言,中国消费者更注重面子、地位和身份。李宝库在研究农村居民消费模式时指出,影响农村居民炫耀性消费的因素有:新兴的富裕阶层、社会经济结构的变化、信息媒体结构的多元化和中国人根深蒂固的"面子"观念。

对于攀比消费的影响因素,国内外学者都没有展开系统研究,既然价值观、面子意识、参照群体和地位消费都在影响我国消费者的炫耀性消费,那么它们对攀比消费有没有影响呢?为了回答这个问题以及明确有哪些主要的影响因素,在2010年1—3月,笔者和同事在农村地区进行了初步的探索性定性研究,采用深度访谈的方法,主要访谈了30个个案,重点了解有哪些因素影响农民的攀比消费。分析访谈结果后,笔者归纳出面子、地位消费、人情消费和模仿消费四大因素。根据文献研究发现,价值观影响面子,又通过面子影响攀比消费,因此共有五大因素影响农村居民攀比消费。五大因素可以分为内因和外因两个方面,内因包括价值观和面子,外因包括地位消费、人情消费和模仿消费。

2.3.1 价值观

2.3.1.1 价值观相关概念

价值观是人们对一切价值的信念、信仰、理想和标准的总称。它产生于一定的社会生活中,同时又对整个社会的生活方式起着指导和规范的作用(菲利普·科特勒)。Schwartz和Bilsky认为,价值观是个人或社会团体的生活指导原则,是合乎需要的情景目标。金盛华和辛志勇指出,"①从价值观的主体角度看,它既可能是一种个体现象,也可能是一种社会现象,还可能是一种文化现象;②从价值观的表现形式看,它既可能是外显的,也可能是内隐的;③从价值观的功能看，它对行为具有导向作用；④从价值观的层次性看，它有超越情境的特点，而态度有情境性，所以价值观比态度更抽象、更概括，但与价值观相比，态度和行为的距离更近"①。

西方学者在1968年就提倡把价值观运用于消费者行为的研究，这种研究主要从文化心理特征和个性心理特征两个方面进行。在研究价值观影响消费行为的过程中，西方学者根据需要把价值观分成了不同的维度。M. 洛基奇（Milton J. Rokeach）把价值观分成两类，即操作性价值观和目的性价值观，每类价值观包括18个问题。霍夫施泰德（Hofstede）对66个国家的6000名调查者的跨文化调查研究指出，价值观有四个维度，即个人主义与集体主义、不确定性回避、权力距离和男性化—女性化。霍金斯、贝斯特和科尼（Hawkins, Best & Coney）提出了价值观影响消费者行为的理论，并把价值观分成他人导向价值观、环境导向价值观和自我导向价值观三种类型。Engel, Blackwell 和 Miniard 认为应该把价值观分为个人价值观和社会价值观两种类型。Sheth, Newman 和 Cross 在研究中指出，有五种价值观影响消费者的消费行为，即功能价值、社交价值、情感价值、认知价值和条件价值。M. B. Holbrok 则从外显性和内显性、利己的和利他的、主动性和反应性三个方面把价值观分为效率、卓越、乐趣、美感、地位、自尊、伦理和心灵八种类型。Michael W. Allen 通过实证证明，价值观能直接或间接地影响消费行为。

对价值观的测量，国外常用的三种方法有价值观和生活形态（VALS）法、价值观量表（LOV）和斯瓦特兹量表（SVS）。VALS法把价值观分成实现者、履行者、信念者、成就者、努力者、经历者、制造者和奋斗者八种类型。LOV法把价值观分为自我尊重、备受他人尊重、自我满足、成就感、开心和享乐的生活、刺激感、安全感、归属感和与他人融洽相处九种类型。SVS法把价值观分为享乐主义、兴奋、自我导向、博爱、仁慈、顺从、传统、安全、权力和成就十种类型。

---

①金盛华，辛志勇. 中国人价值观研究的现状及发展趋势 [J]. 北京师范大学学报（社会科学版），2003（3）：56 – 64.

中国传统文化价值观是在历史发展过程中慢慢形成的，它涉及哲学、文化学、社会学、伦理学、心理学等多学科。国内学者也从不同学科方面研究了中国人的价值观，研究成果主要分布在心理学和社会学领域，其中有代表性的成果是《中国人的价值观》《中国人的价值观：社会科学观点》《中国人价值观念差异的初步研究》《儒家文化的精神与价值观》等①。国内学者主要是从文化、社会、个体三个层次研究中国人的价值观。国内学者的研究，在文化层次上，是把国家或民族长期以来形成的文化积淀作为研究对象，从中梳理出国家或民族的价值观；在社会层次上，主要研究时代变迁、体制和政策变革以及自然环境变化对价值观的影响；在个体层次上，是将个体本身的心理特征因素，如自我概念、需要和动机、行为等作为研究对象，探讨个体价值观的形成和作用机制②。

在我国农村，传统价值观是以农业为谋生方式的农民历代传承下来的具有农耕文化特点的思维方式、经世观念和道德选择等的总和③。改革开放以来，农民的生存环境发生了变化，生活水平提高了，在解决了基本温饱问题后，发展性消费和享乐性消费逐渐增加，从而改变了农民的价值观念。这种价值观变化的特征表现在：①价值取向上具有趋利性，农民过分追求物质利益，行为更趋于功利性；②价值选择上金钱利益取代了情感，人与人之间的交往表现为一种经济交往；③义利关系上伦理道德缺失，一些农民近利远义、重钱轻德；④行为后果上短期行为明显，即时消费攀比严重④。改革开放以来，以经济、政治和文化为核心的社会转型不仅改变了农村的社会结构，也使农民价值观发生了变迁，农民价值观变迁经历了传统价值观的动摇与主体的觉醒、不同价值取向的碰撞、价值观多样化以及在碰撞进程中逐步走向整合。笔者根据康来云和袁纯清的研究结果总结出改革开放以来农民价值观的变迁，见表2-3。

---

① 胡维平. 中国都市消费者行为分析 [M]. 上海：上海财经大学出版社，2006：57.
② 阳翼. 中国独生代消费行为研究 [M]. 广州：暨南大学出版社，2008：49.
③ 康来云. 中国农民价值观的变迁 [M]. 郑州：河南人民出版社，2008：22.
④ 康来云. 改革开放以来中国农民价值观变迁的共性特征 [J]. 郑州大学学报（哲学社会科学版），2009：47-50.

表 2-3 改革开放以来农民价值观的变迁①

发展阶段	时间划分	变迁原因	变迁表现
第一阶段：传统价值观动摇期	1978—1984 年	实行家庭联产承包责任制，调动了农民生产积极性，冲击了农民传统价值观存在的条件	一是由过去的以"政治决定一切"的价值判断标准向以"价值"为出发点的价值标准转变；二是由社会本位价值取向向个人本位价值取向转变
第二阶段：多种价值观冲突期	1985—1991 年	乡镇企业的兴起和发展促使了农村的分工、分业和劳动力的流动	一是重义轻利价值观与重利轻义价值观相冲突；二是安土重迁价值观与轻农重商价值观相冲突；三是集体主义价值观与个人主义价值观相冲突；四是伦理道德价值取向与物质利益价值取向相冲突
第三阶段：农民价值观市场主导期	1992—1997 年	社会主义市场经济体制的确立	一是向以市场为主导的方向发生转变；二是开始以经济利益为中心；三是多元价值观并存
第四阶段：农民价值观迷茫期	1998—2003 年	农村改革进展缓慢，"三农"问题仍处于困难阶段	农民价值观处于迷茫与混乱的局面
第五阶段：农民价值观更新期	2004—2011 年	党的十七届三中全会以后，惠农、惠民政策的制定与实施	城市化和农业现代化带来的社会力量再一次冲击了农民的传统价值观
第六阶段：农民价值观整合期	2012—	党的十八大以来，新农村建设和乡村振兴战略的实施	一是关心国家发展；二是积极参与全面深化改革进程；三是开始构建符合社会主流意识形态的现代价值观

根据在全国 11 个省 15 个村的深入调查，贺雪峰总结出中国农村存在两种主要价值观，即本体性价值观和社会性价值观。

---

① 康来云. 改革开放 30 年来中国农民价值观变迁的总体评价 [J]. 中州学刊, 2009 (5): 122-126; 袁纯清. 改革开放以来农民价值观变迁轨迹及其原因 [J]. 沈阳农业大学学报（社会科学版), 2019 (5): 625-630.

本体性价值观，是人的精神层面的价值观，是关于人的生命意义的思考，关心的是人与自己内心世界的对话，是一个人给自己生命意义的答案①。对农民来说，本体性价值观表现在"生儿育女""养儿防老"和"传宗接代"的传统观念上，就是要儿孙满堂，家族兴旺，对得起祖宗。在传统社会中，农民活着的目的就是传宗接代。

社会性价值观，是人的社会层面的价值观，是关于人与人之间的关系、个人在群体中的位置及所获得的评价和个人如何从社会意义中获取意义的价值②。"人活一口气，树活一张皮"就是社会性价值观的真实反映，财富、地位、权力、名望等是人们追求的目标，人们的面子观、人情观、攀比消费等都与社会性价值观有关。

改革开放以后，随着经济的发展和国家相关政策的制定和落实，农民的生活方式和价值观念发生变化，个人主义和消费主义的现代观念逐渐弱化了传统的传宗接代观念和勤俭节约消费观念，本体性价值观开始缺少，出现了社会性价值观的竞争。当社会性价值观占主导地位时，人们过分看重金钱的价值，过分追求自己的地位、荣誉和声望，希望通过竞争体现自己在村民中的优势，从而获取社会的好评，活得有面子和有尊严。

2.3.1.2 价值观对我国消费者行为的影响研究

价值观对中国人的消费行为有非常重要的影响，20世纪90年代以来，国内学者关于价值观对消费者行为的影响研究不断增多。有的学者是直接运用国外的理论来研究国内消费者的价值观和消费行为，例如符国群运用霍金斯的三种文化价值观理论，从宏观上分析了我国消费者在三种文化价值观上的表现及其对消费者行为的影响；刘世雄、周志民用霍夫施泰德的文化价值观四维度分析中国五个世代消费者文化价值观的特征和消费者行为的特征。有的学者是引用或改进国外的价值观量表，例如吴垠运用美国SRI公司开发的VALS（Value and Life Style）模式对中国消费者进行心理层面的细分，创建了中国消费者生活形态

---

① 贺雪峰. 什么农村，什么问题 [M]. 北京：法律出版社，2008：252.
② 贺雪峰. 什么农村，什么问题 [M]. 北京：法律出版社，2008：253.

模型。有的学者是自己编制价值观量表，例如程士安等学者以问卷调查和焦点访谈的方法从价值观的角度分析了大学生的消费观念和消费行为。有的学者是研究传统文化价值观对消费行为的影响，例如尹世杰从社会、文化的角度分析了价值观与消费的关系，张梦霞开发了儒家、道家和佛家文化价值观量表，并以此量表实证研究了价值观对我国消费者化妆品购买行为的影响。

此外，杨晓燕运用消费者"自我概念"对中国女性消费者行为进行了研究；吴绍宏从价值观角度对我国青年一代的购物风格进行了实证研究；王海忠从社会心理学角度出发，运用定量研究方法，实证了消费者民族中心主义在中国的存在；北京师范大学心理学院金盛华等人设计开发了中国人价值观问卷，并用此问卷实证分析了价值观对消费者行为的影响；潘煜研究发现，中国传统的儒家价值观一方面直接影响中国消费者消费行为，另一方面又间接通过顾客感知价值影响中国消费者消费行为。

杨中芳在《如何理解中国人：文化与个人论文集》一书中，从世界总体价值观、社会价值观和个体价值观三个层面对中西方价值观展开比较研究。在世界总体价值观层面，中国人追求以妥协态度达到人与人、人与自然和谐共存，西方人以个体的独立、自主及成就为追求特征；在社会价值观层面，中国人以关系为纽带将中国社会连成整体，追求平均、秩序和稳定，中国社会是社会定向的，而西方人追求多元化，西方社会是个人定向的；在个体价值观层面，中国人追求的是中庸，西方人追求的是扩张创新。

2.3.2 面子

2.3.2.1 面子的含义

面子是中国人非常熟悉的本土概念之一。美国的传教士明恩溥在《文明与陋习——典型的中国人》一书中首次对"面子"的概念进行总结。他认为，对中国人来说，"面子"内涵丰富、含义复杂，它的潜在力量既不能否定，又没有规则可循，只能按照人们约定俗成的思维方式来理解，它是理解中国人许多重要特性的一把钥匙。面子是中国传统文化、社会文化的耻辱感取向和传统价值观共同作用的综合体，一直支配着人们的消费心理和消费行为。

尽管面子是一个古老的概念，但中外学者都没有给"面子"下一个准确的、

我国农村居民攀比消费影响因素研究

通用的定义，不同的学者提出了不同的解释。胡先晋认为脸和面子不同，"脸"指的是社会对个人的道德品质的信心，一旦丢了"脸"，人们就无法在群体中正常地生活；"面子"是个人凭借自己的努力，通过成功和炫耀而获得的名声。"面子"和"脸"的不同之处在于"它可以出借、争取、增加、敷衍，它的建立是通过地位、财富、权力和才能，通过与一些著名人物建立社会关系，也可通过避免引起不良评价的行为来实现"①。香港学者何友晖（David Yau-fai Ho）认为，面子不是一种行为标准、人格变量、地位、尊严、荣誉和声望；面子是人类特有的，它是普遍存在的，在日常生活中不涉及面子的事是不可能有的；面子是个体根据其在社会网络中占据的地位、角色表现和行为规范，要求他人对其表现出尊敬和顺从。南京大学翟学伟教授提出，"脸"和"面子"是两个不同的概念，"脸是个体为了迎合某一社会圈认同的形象，经过印象整饰后所表现出的具有认同性的心理与行为，而面子是这一业已形成的心理及其行为在他人心目中产生的序列地位，也就是心理地位"②。他根据中国人的价值取向和现实取向提出了脸面四分模型，即有脸无面子、有脸有面子、无脸无面子和无脸有面子，其中有脸有面子和无脸无面子是脸面的同质性表现，而有脸无面子和无脸有面子是脸面的异质性表现。陈之昭认为，面子是"在自我或自我涉入的对象所具有且为自我所重视的属性上，当事人认知到重要的人对该属性之评价后，所形成之具有社会意义或人际意义的自我心像"③。陈虎强指出，面子是个体所拥有的社会地位和名望的象征，是个体尊重和自尊需要的外在反映。王轶南和杨中芳认为，应从两个方面理解面子的定义，一是从心理学方面，将面子看作个体心理内部的一种自我意象；另一个是从社会学方面，认为面子是一种尊严或地位的象征。

---

① 胡先晋. 中国人的脸面观 [M] // 翟学伟. 中国社会心理学评论：第二辑. 北京：社会科学文献出版社，2006：15. 另注：胡先晋为中国早期留美人类学家，其译名有"胡先晋""胡先缙"两种。除具体参考书目以出版信息为准外，本书文内叙述统采用"胡先晋"一说。

② 翟学伟. 人情、面子与权力的再生产 [M]. 北京：北京大学出版社，2005：133.

③ 陈之昭. 面子心理的理论分析与实际研究 [M] // 翟学伟. 中国社会心理学评论：第二辑. 北京：社会科学文献出版社，2006：110.

在西方社会，面子就是自己，面子象征着个人内在或肯定的属性（例如能力和自治）（Brown & Levinson），而不是外在的属性（例如社会地位和头衔），个人拥有自己的面子且必须保护它，面子是个人财产而不是公共财产（Joo Yup Kim & Sang Hoon Nam）。面子是个人在特定的社会交往中获别人认定的积极的社会价值，是依据被认可的社会属性来划定的自我形象（Goffman），面子也是每个成员想为自己塑造的公众自我形象（Brown & Levinson）。在某种关系情景中，面子是个体所期望的一种积极的社会自我意象（Ting-Toomey），也是个体期望他人对其社会价值认同的一种需求感（Ting-Toomey & Kurogi A）。

周美伶和何友晖对中外学者关于面子的定义进行了总结，见表2-4。

表2-4 有关面子定义的关键词及其特色[1]

学者	面子定义的关键词	特色
胡先晋	尊敬，声望	脸、面分野
戈夫曼	自我形象，社会正向价值	互动性定义
斯托佛	社会位置，社会意识	功能分析：阶级，伦理
布朗和利文森	公众自我形象	需要：消极、积极面子
何友晖	尊重，恭敬，服从	他人关系，相互性
陈之昭	自我心像，自我公共心像	认知过程
成中英	尊敬，价值，重要性	主、客观面子
丁·图米	形象，身份	自我，文化，磋商

面子不仅具有质的特性，也具有量的特征。量的特征表现为面子是一个有多少、大小的"量"的概念，它可以增加，也可以减少，"争面子"或"有面子"是面子的增加，"丢面子"是面子的减少。"丢失面子"后人们会采取"面子功夫"来保护面子或重新获得面子。所谓面子功夫是指在面对面的关系中所发展出来的种种维护面子的社会技术，包括事先避免失面子的行为（预防性措

---

[1] 周美伶，何友晖. 从跨文化的观点分析面子的内涵及其在社会交往中的运作 [M] // 翟学伟. 中国社会心理学评论：第二辑. 北京：社会科学文献出版社，2006：196.

施)、事后挽回面子的行为(补救性措施)和增加面子的行为(增加性措施)。预防性措施主要有声明性行为、恪守礼仪、加强能力和自我防卫四种方式；补救性措施主要有补偿性行为、报复性行为和自我防卫三种方法；增加性措施主要有自我显扬、逢迎他人和贬损他人三种策略①。Joo Yup Kim 和 Sang Hoon Nam 总结了前人对于面子的观点,见表 2-5。

表 2-5　面子相关文献总结②

	作者	主要观点
面子的定义	Hu	把中国脸面分成面子和脸
	Yang	定义面子为社会尊严
	Goffman	定义面子为积极的社会价值观
	Brown & Levinson	定义面子为公众自我形象
	Ho	区分面子与个性、荣誉和声望
丢失面子的情况	Modigliani	没有实现社会期望
	Schlenker & Leary	非故意的和不受欢迎的社会困境
	Edelmann	非故意的和违反公开接受的规则
	Scheff	被别人拒绝
	Ho	①没有满足别人的期望 ②当别人认为不值得尊敬时 ③群体内成员不能满足其社会角色
丢失面子的后果	Modigliani	设法创造更令人喜欢的自我形象
	Apsler	超出合理目标但要符合要求
	Schneider	寻找并使用别人赞成的方法重新建立一个更加积极的自我评价

①朱瑞林. 中国人的社会互动：论面子的问题 [M] // 翟学伟. 中国社会心理学评论：第二辑. 北京：社会科学文献出版社, 2006：99-100.
②Joo Yup Kim, Sang Hoon Nam. The concept and dynamics of face：implications for organizational behavior in Asia [J]. Organization Science, 1998 (4)：525.

续上表

	作者	主要观点
面子功夫策略（类型和选择）	Ting-Toomey；Brown；Garland	当人们感觉不能胜任时，他们便积极地参与挽回面子的行为
	Bennett	类型：回顾性与前瞻性战略 用前瞻性战略（免责条款）降低丢失面子的风险
	Lim & Bowers	类型：团结、认同和技巧 亲密关系是最强的面子工作预测者
	Rogan & Hammer	类型：恢复他人面子和恢复自己面子 磋商者使用恢复他人面子，肇事者使用恢复自己面子
跨文化研究	Cocroft & Ting-Toomey	日本工人比美国工人更多地使用间接面子功夫

2.3.2.2 农村中面子竞争

美国人类学家斯托佛（Stover）认为，中国人的面子是一种维持森严的阶级差距与人际稳定体系的社会意识，是中国人际互动的正式化和形式化的产物①。面子作为一种重要的和典型的社会心理现象，是在社会互动中产生的，如果个体不与他人发生社会互动，就无所谓面子，也就不存在面子竞争。

在农村社会中，人们在交往互动中产生了面子，面子不仅反映了普通村民与精英村民之间的互动关系，更主要的是反映了普通村民之间的互动关系。面子成为调节和支配村民社会互动的一个重要手段，也成为人们相互争夺的一种社会资源。社会资源分为工具性资源和象征性资源两大类：工具性资源类似于"利"，包括财富、权位、奖励等具有较强外在实用性的资源；象征性资源类似于"名"，包括声望、名誉、地位、荣誉等具有较强心理满足感的资源。农村

---

① 周美伶，何友晖. 从跨文化的观点分析面子的内涵及其在社会交往中的运作 [M] // 翟学伟. 中国社会心理学评论：第二辑. 北京：社会科学文献出版社，2006：190.

中，精英村民主要争夺的是象征性资源，而普通村民既争夺工具性资源也争夺象征性资源，这种资源争夺导致面子竞争激烈。面子竞争是个人在社会压力下为了获得名誉、地位等而与他人争胜的行为。在农村，面子竞争有三个层次，由低到高依次是村民之间的竞争、宗族之间的竞争、村庄之间的竞争，每一层次的面子竞争都可能引发其他层次的面子竞争。

费孝通认为中国乡土社会的基层结构是差序格局式结构，是一个"由一根根私人联系所构成的网络"①，是一个生于斯死于斯的社会，是一个熟人社会。熟人社会与陌生人社会显著不同的是，熟人社会里人们特别注重面子。在日常生活中，农民已经把面子融入血脉之中，"人活一张脸，树活一张皮"已成为村民们的生活准则，丧失面子比失去生命和金钱更可怕，于是农民就想方设法地保全面子，他们为了面子而展现自己的经济实力和身份地位。其实，在农村，面子竞争不仅涉及个人的声誉和地位，还涉及个人背后的家族和亲戚朋友的声誉和地位。一个人有了面子或一个家族、家庭里出了一个有脸面的人，他的后代在村子里也有面子，也很光彩。

在一些村庄里，农民需要用一生去争取面子和维护面子，稍不注意，面子就有可能失去。大多数情况下，在农村，能够为人们争到最大面子的四件大事是挣钱、生儿子、为儿子盖房和为儿子娶妻，这是四位一体的面子观，人们只有顺利完成这四件大事，才算活得有意义，才算获全了面子。这四位一体的面子观是以"儿子"为中心，所有面子都围绕着"儿子"去竞争。围绕这四位一体的面子竞争，汪永涛把农民的一生划分为三个"二十年"：第一个二十年中，农民慢慢长大成人并成家；第二个二十年中，农民生育子女，赚钱，抚养子女，并为儿子建房；第三个二十年中，农民为儿子娶妻子，然后慢慢变老。在每一个二十年中，村民都存在着面子竞争：第一个二十年中，为父母挣面子；第二个二十年中，为自己挣面子；第三个二十年中，为整个家族挣面子。

在农村，面子竞争的结果把村民分为三类群体：第一类是竞争中失败的村民，他们没有能力完成基本的任务，比如建房、为儿子娶媳妇，因而被村民瞧

---

①费孝通. 乡土中国 [M]. 南京：江苏文艺出版社，2007：33.

不起，自己也觉得没面子，在村民面前抬不起头来；第二类是保全了面子的村民，他们虽然完成基本任务有困难，但最终还是完成了，尽管可能负债累累，但在村民面前保全了面子；第三类是有面子的村民，他们不仅圆满完成各项任务，而且各方面都很突出，是村民参照、攀比的对象，也是农村中最有面子的人。

2.3.2.3　面子对攀比消费的影响

胡先晋认为，社会赋予"面子"的价值是双重的，一是从正当的途径取得的声望或名誉，二是暗示了一种"自我膨胀"的欲望①。正是这种"自我膨胀"的欲望，一方面导致人们不断追求面子、爱面子和要面子，另一方面又导致人们在现实生活中不断攀比消费。"自我膨胀"的欲望越强，人们对面子的追求就越强烈，攀比消费也就越厉害。

在传统文化熏陶下，自我膨胀的欲望使中国人形成了爱面子的消费心态，这种心态通过传统教育又一代影响一代，而面子作为中国的一种独特文化又影响着我们的日常生活和消费。在中国社会里，面子是一个重要的概念，对人们的行为影响非常大，很多独特的、不易明白的消费行为可以用面子来解释清楚（Kim & Nam），例如中国人通过消费商品来设法提高、维持或挽回自我面子和显示尊重别人的面子（Julie Juan Li & Chenting Su）。炫耀性的面子消费目的是对外证明自己财力优厚，以非实用性和排场性消费为主，当消费变成一种维护或挽回面子的工具时，人们就别无选择，只好模仿、攀比社会群体的消费行为，否则他们就在群体内丢失面子（Julie Juan Li & Chenting Su），或者像中国人为了面子和社会认同，故意推迟一种商品消费或减少其他商品消费，直到有足够的钱购买高价格的名牌产品，这在某种程度上形成了攀比消费之风（Yeqing Bao, Kevin Zheng Zhou & Chenting Su）。

面子是中国传统文化和价值观共同作用的结果，加强了社会道德秩序的戒律，因此，在乡土社会里，做人最大的失败莫过于失去面子，在熟人社会里，

---

①黄光国，胡先缙，等. 面子：中国人的权力游戏 [M]. 北京：中国人民大学出版社，2004：58.

最坏的评价莫过于"声败名裂"。在农村，不少农民辛苦一生实际上都是为了面子和肚子，肚子吃饱后，面子就成为重要的大事，好像除此之外人生再没有别的意义。因此，农民要面子的心态根深蒂固，为面子而攀比消费已成为农村社会里一种十分普遍的价值观念，成为村民们共同认可的行为方式。农民攀比消费的根本原因是为了面子，农民从日常的面子竞争中通过攀比消费获得了尊严，并在这种不断攀比的过程中继续生活。正是因为人们做什么事情都要面子，所以社会上才会有人为了面子而盲目攀比，而我国居民攀比消费的主要目的就是保护面子或增加面子。攀比消费是中国人面子文化的现象形态，中国人保护面子的心态导致攀比消费在中国消费环境中普遍存在，人们攀比消费说到底就是为了一个面子问题。

2.3.3 地位消费（Status Consumption）

2.3.3.1 地位的含义

地位是个人在一个社会或群体中由别人授予的位置或级别，建立在个人的相对财富、权力和声望之上，代表了一个人的声誉、尊重或尊严的高低，也是权力的一种表现形式（Eastman，Goldsmith & Flynn）。地位由被人尊重、体谅、羡慕等组成，并体现了一种文化目标（Eastman, et al.），地位越高的人越受到别人的尊重，因此，人们渴望地位并尽最大努力去获得它。地位也是在社会交往中个体所具有的社会重要性被他人或社会所认可的方式及程度。地位有三种：一是被定义的或认定的地位，例如忠诚；二是通过成就获得的地位，例如一个人在工作中做得比别人好，从而获得一种地位；三是通过消费获得地位，例如消费带有地位意义的产品从而获得某种地位（Aron O'Cass & Hmily Frost）。不同的人在社会中属于不同的社会阶层，而社会阶层决定了一个人的社会地位，人人都想通过不同的方式获取地位。

商品或服务不仅具有使用价值和交换价值，还具有符号价值。正因为商品或服务具有某种符号价值、象征意义，人们才经常不顾自己的收入水平和社会阶层去购买或消费某一产品或服务，通过拥有、使用或展示某种具有符号价值的产品或服务来获取某种社会地位。人们渴望从拥有和消费的产品中获取地位或声誉是影响消费的重要动机之一（Goldsmith, et al.）。从时间和文化角度来看，在人类社会中，人们通过消费来追求地位是一种普遍现象（Eastman, Fredenberger, Campbell & Calvert）。福利经济学认为，在现实生活中，人们不是单纯为了追求经济利益，更主要的是为了追求名声和地位，求名比逐利更接近人的经济本质。因此，渴望地位是由人的消费动机决定的，也是由人的经济本质决定的。

在消费主义流行的时代，消费欲望的形成并不能由单纯的经济因素或生物因素所决定，而是由社会、文化等复杂的因素共同决定的，人们追求的是一种身份认同和地位。消费者越是追求社会地位，就越要进行某种消费行为，例如为追求某种地位象征而进行消费，从而增加他们的这种地位（Eastman, et al.）。人们对社会地位的追求，在空间上表现为横向比较，即与他人进行比较；在时间上表现为纵向比较，即自己的现在与过去比较；在现实中表现为消费者的攀比行为与消费的不可逆性。

2.3.3.2 地位消费的含义

关于地位消费的概念，学者们提出了自己的见解。Kisheimer 和 Jacqueline C. 指出，地位消费是指人们为了增加个人的社会地位而购买或使用产品。Eastman, Goldsmith 和 Flynn 认为，地位消费是人们通过消费某种能向个人或周围重要人物传递象征地位意义的产品来努力提升自己社会地位的一种动机过程。Aron O'Cass 认为，地位消费是消费者通过获得或消费商品赢得地位或社会身份的过程，个人和重要的他人能察觉到所消费的商品含有地位意义。Aron O'Cass 和 Hmily McEwen 认为，地位消费是指消费者为重视自身身份地位而获取或消费象征相应身份地位的商品的消费行为。地位消费也是消费者为了获得生活中某种地位或渴望地位象征意义而消费产品或服务（Aron O'Cass & Hmily Frost）。刘红红认为，地位消费的目的是显示人们的相对支付能力，它是人们对包括相对收入、相对效用、相对炫耀性消费等在内的相对阶层地位或名次的消费。人们消费某一产品是为了向周围的人表示自己拥有某种地位，这是地位消费的本质所在（Eastman, Goldsmith & Flynn）。

消费是一种社会地位的生产活动。人们不仅消费物品或服务本身的价值，而且在消费过程中形成了一定的社会地位。从凡勃伦的"炫耀性消费"到布迪厄的"品味消费",都是生产人们社会地位的消费模式。经济地位只是决定人们社会地位的因素之一,而非全部因素。在社会地位的生产和再生产过程中,消费起着非常重要的作用,正因为这样,地位消费才成为社会各阶层相互争夺的一种符号资源。上层社会试图通过奢侈品消费或炫耀性消费来提高获取本阶层地位的门槛,展现本阶层的地位优势,反衬出其他阶层的地位劣势;中、下层社会则试图通过模仿、攀比上层社会某种形式的地位消费,形成某种高于本阶层实际地位的"地位假象"。因此,大多数人都很关心能否拥有标明其社会地位的商品,如果没有,就意味着自己有可能处在该阶层之下,也就意味着自己在同阶层人面前社会地位降低了。当具有等级的社会关系决定一个人的社会地位时,就会引起社会比较,人们会去追求地位的象征意义,并为了地位而消费(Eastman,Goldsmith & Flynn)。人们进行地位消费并不是想追求个性化和标新立异,而是害怕自己的地位比同阶层的人低。地位消费在世界每一个社区中都存在(Mason),它并不是富人的专利。在一些发展中国家,人们在解决基本的衣食住行之前也想通过攀比消费来获取地位,人们消费某种产品也是为了证明他拥有一种高层次的地位(Eastman, et al.)。在西方社会中,大家经常讨论的"赶上琼斯家"(keep up with the Joneses)是很多人的消费目的,购买、使用、显示、消费产品或服务常常被认为是获取社会地位的一种方法(Eastman, et al.)。

尽管不同国家的消费环境不同,但地位消费的目的却是相似的(Eastman, et al.),在一些发展中国家,特别是像中国、东欧等处于经济转型时期的国家和地区中,渴望社会地位是非常显著的,为了追求地位而进行的地位消费也是非常明显的(Tambyah, Tuyet Mai & Jung)。中国文化的集体主义特征鼓励人们用物质财富来确定、建立长期的社会关系,当人们的心理需求没有得到满足时,他们转向物质主义,追求地位消费,并把它作为一种补偿策略来减轻虚荣心(Kara Chen & Gerard P. Prendergast)。成年人的地位焦虑(身份焦虑)与地位消费存在积极相关,并且向上比较对地位消费具有正向影响,个体的权力距离强化了向上比较对地位消费的影响。在消费社会中,"人越来越容易变成消费机器，变成彻底的消费者，他唯一的目标就是拥有和使用更多的东西"①。人们通过拥有和消费某种产品或服务来体现一种身份和地位。

2.3.3.3 地位消费对攀比消费的影响

有关地位消费对攀比消费或炫耀性消费的影响，国内外学者也进行了研究。凡勃伦认为富有的人通过炫耀性消费来展示其富有，从而得到较高的社会地位。在印度农村，嫁妆是新娘进入新郎家的门票，婚礼是新郎家富裕的象征，嫁妆的贵重和婚礼场面的豪华能提高男女双方的社会地位，即使再穷苦的家庭也会把婚礼作为一种炫耀的形式和提高家庭地位的信号（Francis Bloch & Vijayendra Rao）。因此，在印度，男女双方父母会一起协商嫁妆的多少和婚礼场面的大小，以此来获取别人的尊重和社会地位。

消费方式体现的是荣耀和社会地位，是等级和阶层区分的重要标志，人们攀比消费并不仅仅是为了物质享受而是为了社会需要，为了追求一种荣耀和社会地位。地位消费主要涉及价格较贵的产品（Aron O'Cass & Hmily Frost），主要用在特殊场合或重要事件上，例如庆祝事业成功、乔迁新居或生日等方面，在这些场合中个体倾向于通过相互比较来确定彼此事业的成功与否和地位的高低，在比较中互相竞争、互相攀比，导致地位消费不断升级，从而导致攀比消费现象越来越严重。在我国，对地位消费的追求使人们过度竞争、盲目攀比消费，结果导致生活质量下降，闲暇时间减少，更为严重的还会导致某些行业萎缩和腐败行为盛行。

地位消费在所有的文化和国家中都普遍存在，在不同的文化环境和国家中，地位消费的敏感程度不同（Paurav Shukla）。在集体主义文化环境中，地位消费的敏感度较高，并且与使用场合有关；在个人主义文化环境中，地位消费的敏感度相对较低，与使用场合是没有关系的。像在印度这样的集体主义社会中，人们特别重视家庭或个人的地位，在特殊场合下攀比、炫耀性消费可以使个体在群体中获得社会认同，因此印度消费者在一些生日、结婚典礼和其他庆典活

---

①陈学明，吴松，远东．痛苦中的安乐：马尔库塞、弗洛姆论消费主义［M］．昆明：云南人民出版社，1998：117．

动中通过攀比消费或炫耀性消费来展示地位和建立社会关系（Paurav Shukla）。中国人的生活方式着重于个体在群体中的地位及表现的适当性，着重于做适合于个人地位的行为①。因此，在中国这样的集体主义文化环境中，在社会关系网络的压力下，人们对自己的地位是高于、低于还是与别人一样的问题非常敏感。攀比消费作为一种消费的竞争和竞赛，已成为经济发展和社会分层的主要动力，人们攀比消费的主要动机和目的就是获得想要的社会地位，得到社会认同，地位消费不仅对攀比消费具有显著的正向影响，还在面子意识对攀比消费的影响过程中发挥了中介作用（程登军）。杭斌和修磊也指出，城镇家庭的攀比消费在很大程度上反映的是地位消费攀比，在消费行为方面，社会地位高的家庭对社会地位低的家庭有明显的示范效应，中国城镇家庭存在向上攀比地位的寻求动机。

在我国农村，强烈追求个人成功和社会地位使农民在比较中互相竞争、互相攀比，农民对地位消费的追求是通过攀比消费体现出来的，地位消费也主要在某些场合中得以体现。房子是农村居民经济实力和社会地位的象征和标志，有钱、有地位的家庭通过豪华漂亮的房子来彰显其地位，没钱、没地位的家庭也想通过盖新房来获得一定的社会地位，因此农民攀比建房，房子建得越大越高越漂亮，就显示主人家庭越殷实、社会地位也越高。对于农民来说，彩礼不仅仅是钱的多少问题，更重要的还是地位和身份的象征，因此，为了身份和地位而索取高额的彩礼无形中加剧了农民在彩礼上攀比的严重程度。在农村地区，乡规民约与地方社会习俗成为一种无形的道德力量，制约着农民的消费行为。对于农民而言，办酒既是一种传统的风俗仪式，因为它受到乡规民约和地方社会习俗的影响，也是显示家庭财富和地位的一种途径，一旦有机会，就一定要把酒席办得隆重，人多意味着自己的社交能力强，贵宾多意味着自己的社会地位较高，办酒也就成了攀比消费的形式之一。在差序格局下，农民为了获得好的评价，在行为上从众模仿，通过不断攀比消费来获得一种社会地位。人们的

---

①杨中芳. 如何理解中国人：文化与个人论文集［M］. 重庆：重庆大学出版社，2009：269.

消费，已经不仅仅是一种商品消费，还是一种地位消费，地位消费已成为人们获取正面的社会评价的方法之一，在这种情况下，人们相互攀比的社会土壤得以形成，攀比消费也就成了人们获取社会地位的一种消费方式。

2.3.4 人情消费

2.3.4.1 人情的含义

中国是一个重视人情的国家，但对人情，人们却有不同的理解。一般说来，人情有三种不同的含义：①人情是指人的本能上的情绪或情感，包括喜、怒、哀、惧、爱、恶、欲七种，也就是个人在日常生活中的基本情感反应；②人情是指人与人进行社会交易时，可以用来馈赠给对方的一种资源；③人情是指人与人应该如何相处的社会规范，它体现在人际交往中的日常礼节、公共场合的言行方式和关系网中成员之间的互助三种情况上①。在中国人际关系中，本土化的概念有人情、人缘和人伦，其中人情是核心，它是在血缘关系基础上和儒家伦理道德规范下发展出来的一种带有社会交换性的社会行为。人情也是人与人之间交往和建立关系的主要依据和准则，是一种互利互惠的社会交换行为。在农村，人情既包括亲属之间的亲情和乡亲之间的乡情，也包括熟人之间的狭义的人情。农民讲人情实际上是讲人与人之间的关系和如何处理好这些关系，人情不是生产性的，而是生活性的，是农民日常生活中不可缺少的组成部分。

在农村社会中，人情是维护村民关系最重要的纽带，是村民交往的情感交流和可以交换的资源。作为社会交换资源的人情，不仅包含具体的金钱、财物或服务，而且还包含抽象的情感。日常的人情交换实际上是一种礼物交换，其基本原则是互惠。随着近几年农村经济的发展，人情的内涵也发生了变化，它不仅是维系情感的纽带，还充当着多种角色，人情交换的互惠原则受到冲击。有些村民凡事都以人情开路，把人情作为一种利益投资，有些村民利用人情拉帮结派、巴结干部，有些村民把人情作为一种挣面子的工具，有些村民把人情作为一种炫耀的资本，有些村民把人情作为一种敛财的工具。人情角色的多样

---

① 佐斌. 中国人的脸与面子：本土社会心理学探索 [M]. 武汉：华中师范大学出版社，1997：64 - 65.

化，导致农村中正常的人情慢慢变成"畸形"的人情。

2.3.4.2 人情消费的含义

人情是维护关系的纽带，人情交换是一种礼物交换，那么在人情交换中必然会涉及人情消费问题。至于什么是人情消费，国内学者提出了不同的看法。刘军从博弈论角度指出，人情消费是在个人自愿的情况下，因人际关系而非自身的直接消费支付给他人的支出。刘艺指出，人情消费是在亲朋好友遇到人生大事时，个人或家庭为表达心意而付出的实物或金钱。在农村，人情消费又称为"随礼""凑份子"，是农民用于人情往来的各项费用，也是有关系的双方进行交换的货币、物品或劳务。胡杰成认为农村的人情消费包括仪式性人情消费（如婚礼、生日庆祝、葬礼等大事）和非仪式性人情消费（如亲戚间互访、探望病人等小事）两种。仪式性人情消费是应邀出席主人举办的酒席时送礼金的费用，非仪式性人情消费是人们在日常生活中常规人情来往的支出。

近年来，随着改革开放和"三农"建设的不断推进，农民的价值观发生了改变，由本体性价值观向社会性价值观转变，由"重义轻利"向"重利轻义"倾斜，人情消费的功利性逐渐增强，经济利益逐渐取代情感因素、伦理因素，人情的价值大多由物的价值来体现。与此同时，农村人情消费的内容、礼金数目和范围不断扩大。一是人情消费在内容上名目繁多。以前农民只有在结婚、生子、办丧事、老人过寿等大事情上才送礼，现在盖新房、看望病人、小孩满月（包括百天、周岁、十岁生日）、参军、升学、拜师、订婚、就业等都要送礼。不少地方还出现了借各种名目办事并收取礼金的现象，例如，立碑、小孩认干爹、病人出院等。二是人情消费在礼金的数目上不断攀升。以前人们送礼，五元、十元不等，现在却是五十元、一百元不等，出现了"五十元能出手，一百元随大流，两百元底气足"的口头禅，你送我一百元，我下次加倍送你。礼金数目的攀升导致人情消费占收入的比重增加。三是人情消费在范围上不断扩大。以前农民的人情消费圈以血缘、亲缘为主，现在人情消费圈却以血缘、亲缘、地缘和业缘为中心，并且人情消费的重心由血缘、亲缘圈逐渐向业缘、地缘圈转移。

2.3.4.3 人情消费对攀比消费的影响

人情消费是中国乡村社会里维持社会联系的重要传统，它作为表达人情的方式之一，与一定的社会、文化环境有关。在农村，作为表达情感的人情消费的异化除了与农村的社会、文化环境有关，更主要是与人们要面子、穷显阔气的消费观念有关。

在农村，人情消费成为村民们维系正常关系对"不得已"所做的一项费用支出。对农民来说，自己家办事不请客喝酒，担心人家说自己小气；邻居家办事自己不送礼，怕人家说自己不讲情面，于是形成了人情消费的怪圈。在农村人情消费的怪圈中，礼金的数量存在很强的刚性，它只涨不降，是双方互动的结果。对于农民来说，人情礼不在于送不送的问题，而在于送多少的问题。一般说来，礼金数量衡量了两人感情的深浅程度，送礼人觉得和对方关系很好、情谊很深，他送的礼金就很高。收礼人通过对送礼人预期礼金的高低来衡量两人的关系，如果预期高于实际，他就会感觉对方不够朋友，在日后的交往中慢慢疏远对方，还礼的礼金数额不会高于当初对方所送的礼金数额；如果预期低于实际，他就会觉得对方很讲情义，在以后的交往中与对方走得更近，还礼的礼金数额可能远远高于当初对方所送的礼金数额。因此，人情消费越高，表达的情谊也就越浓、越深，反之，则说明送礼者与收礼者关系一般。正因为如此，人情消费越来越多，不少农民攀比消费，借钱请客、负债送礼。许多农民不顾自己的经济实力，平时到处凑份子送人情，把人情消费作为一种利益投资，把人情消费作为一种赤裸裸的敛财方式，导致人情消费染上了浓厚的功利主义和拜金主义色彩，在无形之中助长了攀比消费之风。人情消费隐性表达程度越高，农民的攀比心理就越强，攀比消费已经变成约定俗成的人情往来的潜规则。

同时，人情消费有一个表现是"回报"，中国人做人情的动机之一是对别人回报的预期，因此，农村人情消费中存在着补偿心理。有人认为自己平时到处送礼，一旦自己家办事情，就要大办一场，借此机会把过去送出去的礼金收回来。如果自己的孩子还小，老人身体健康，家中暂时没有机会办事情，总得想个办法把礼收回来，正如农民所言"三年不摆酒，肯定要讨口"，于是，母猪生小猪这样的小事也成了办事的借口。人情消费心理由欠情报恩、祝福心理转变为面子心理和利益主义心理。在利益主义心理的驱使下，对回报的预期引发了攀比消费，继而导致农村人情消费出现送礼频率高、每次礼金绝对数量高、礼金支出占年收入比重高的"三高"现象，人情消费已成为农民沉重的经济负担。人情消费不再是淳朴的民风民俗，而是农民面子、攀比与回报心理在作祟，人情消费逐渐被扭曲。《中国青年报》2018年1月22日01版《过年7天花掉10万元，别让春节因"人情债"变味》的报道，引起了广大在外打工的年轻人的共鸣，引发了广泛的社会讨论，许多年轻人过年回家不得不面临复杂的人情世故，大叹"过年难"。有些农民认为，旧社会是苛政猛于虎，现在却是人情消费猛于虎。

2.3.5 模仿消费

2.3.5.1 模仿概念

模仿是一种普遍的社会现象，是社会心理学的基本概念之一。从社会心理学角度来看，模仿是个体有意或无意地对某种刺激做出类似反应的行为方式，是个体在没有外界控制的条件下，仿效他人行为举止而引起与之相类似的行为活动。社会心理学认为模仿是人的一种自然冲动和选择，是人的本能之一，也是一种常见的人类社会互动形式。模仿在社会交往中承担了重要的角色（Hatfield & Cacioppo），它是建立和保持积极的人际关系的有效工具（Rick B. Van Barren, et al.），它能增强社会凝聚力，加强群体成员联系，创造和谐的社会关系（Lakin, et al.）。

法国社会心理学家塔尔德（C. Trade）在研究模仿时发现，所谓模仿并非只是从表面上去模仿，而是把内在因素和外在因素结合起来模仿。塔尔德在《模仿律》一书中提出了三条模仿定律：一是下降律，下层阶级具有模仿上层阶级的行为倾向，就如瀑布一样自上而下；二是几何级数律，在没有干扰的理想状态下，模仿行为将以几何级数的速度增长；三是先内后外律，个体一般总是优先选择模仿本土文化及其行为方式，然后才是模仿外域文化及其行为方式[①]。此

[①] 周晓虹. 现代社会心理学：多维视野中的社会行为研究[M]. 上海：上海人民出版社，1997：326.

外，模仿还有两条定律，即经济发展落后地区的人喜欢模仿经济较发达地区的人的行为方式，信息较少的人喜欢模仿信息较多的人的行为方式。在模仿定律的指导下，模仿行为由近及远，它首先对身边的人产生影响，然后对周边的人产生影响，最终成为群体或社会的一种行为规范。

现代社会心理学把模仿分为自发的模仿和自觉的模仿两种类型。自发的模仿又可分为先天本能的模仿和后天习得的模仿，自觉的模仿又分为适应性模仿和选择性模仿。在组织行为学中，Haunschild 把模仿分成基于频率的模仿 (frequency-based imitation)、基于特征的模仿 (trait-based imitation) 和基于结果的模仿 (outcome-based imitation) 三种类型。

2.3.5.2 模仿消费的概念

模仿消费是将模仿的概念从社会心理学引入消费者行为学中，它是以模仿别人的消费行为来安排自己的消费活动。在消费心理学领域，模仿消费也是一种常见的社会心理现象。具体来说，模仿消费是指某些人的消费行为被他人认可或羡慕，并引起他人的效仿欲望，最终形成消费行为的模仿。从外在表现看，模仿消费是人们在非强制要求下模仿他人的消费行为；从内在本质看，模仿消费是一种消费的方式和过程。群体因素、个体因素、问题难度和文化因素都在不同程度上影响人们的模仿消费。

在模仿消费中，人们的行为存在跟潮效应、认同效应和示范效应。在生活中，有些东西确实是消费者所需要的，但有些东西不一定有实际用途，只是因为邻居、朋友、同事和亲戚都有了，所以自己也要有，这是模仿消费的跟潮效应。消费者所模仿的不是周围所有人，而是自己所认同的群体，是与自己有某种共同爱好、心理或情感上比较认可的社会群体，这是模仿消费的认同效应。由于消费者容易受到所崇拜和喜欢的群体的影响，如偶像或精英等，这些参照群体的消费行为通过大众传媒影响着人们，致使消费者经常模仿他们的消费行为，这是模仿消费的示范效应。

在模仿消费的三种效应中，参照群体的示范效应对模仿消费的影响最大。Park G. W. 和 Lessig V. P. 指出，参照群体对消费者行为的影响主要表现在信息影响、功利影响和价值观表达三个方面。当参照群体通过炫耀性消费显示家庭财富或穿着体面的服装显示个人身份并被别人羡慕时，他们就会对他人的消费行为产生很大的影响，也会引起他人的模仿消费（James E. Satfford）。生活在熟人社会的农村居民更易受到参照群体的影响，特别是在购买大件商品时，农民的模仿消费就更加明显。此外，农村消费环境和农民个人因素也影响了模仿消费。对于农民来说，模仿消费主要分成两种情况，一是模仿同村村民的消费，二是模仿城市居民的消费，在模仿消费的影响下，农村居民的消费具有很大的趋同性。

2.3.5.3 模仿消费对攀比消费的影响

人们对流行事物的模仿分为虔诚性模仿和竞争性模仿，相应地，模仿消费也可以分成两种形式，即虔诚性模仿消费和竞争性模仿消费。虔诚性模仿消费是模仿者出于对被模仿者的尊敬而效仿其消费行为，而竞争性模仿消费则是模仿者为了要赶上或超过被模仿者而进行的消费行为。在消费主义和传播媒介的鼓吹下，现实生活中的模仿消费大多是竞争性模仿消费。

Trigg 指出，影响炫耀性消费的重要因素不是收入而是模仿消费，即个人模仿地位层次较高群体的消费形式。在社会中存在着不同的社会阶层，每一个阶层都有自己独特的生活方式和消费模式，在群体压力下，不同阶层的消费者，首先会选择以自己所在阶层的消费标准进行模仿消费，从而巩固自己在阶层中的地位，也可以显现出自己的身份。每个阶层都有其独特的地位标志，那些想取得但并未取得高社会地位的人通过模仿上层社会的消费行为来追求心理上的平衡，正如凡勃伦在《有闲阶级论》一书中所指出的，每个社会阶层的人都追求和模仿比他更高一层人士的消费方式，连穷人都面临着炫耀性消费的压力。人们通过模仿消费追求社会认同，这种模仿消费是一种典型的竞争性模仿消费。在一定的条件下，竞争性模仿消费会导致攀比消费。Campbell 认为，如果某消费行为存在模仿、比较的动机，则此消费行为可称为攀比消费，且模仿消费对攀比消费有显著的影响。

模仿消费既可以是消费者理性思考的表现，也可以是消费者感性驱使的结果。如果消费者比较理性，其模仿消费多表现为虔诚性模仿消费；如果消费者比较感性，则其模仿消费多表现为竞争性模仿消费，而竞争性模仿消费对攀比消费有显著的正向影响。在一些农村地区，人们消费观念落后，消费目标不明确，受感性驱使的影响，不少人攀比消费、超前消费，借钱也要办好红白喜事。在农村，同一村落内村民间交往密切，受消费环境的影响，人们有很强的趋同从众心理，他们会互相模仿消费；同时，正因为村民之间交往密切，人们又产生了强烈的竞争压力，他们又相互竞争性模仿消费。在这种情况下，人们不仅仅是为自己活着，也是为别人活着，更是为别人的评价和舆论活着。模仿是维护面子的最好办法（Lim & Bowers），当消费者既看重面子又非常在意别人的评价和社会舆论时，他就更会去竞争性模仿他人的消费行为。尤其是在社会转型时期，农民的社会性价值观逐步取代本体性价值观，消费中的盲从观念更加强烈，在面子和社会认同的压力下，农民被迫从众，模仿他人的消费行为。特别是农民为了追求个人成功，总是以参照群体为比较对象，受参照群体的影响，不得不模仿他们的消费行为。在盲目模仿的情况下，模仿行为就必定导致农民模仿消费的异化，继而发生攀比消费、借贷消费等畸形消费现象。

2.4　文献总结述评

从文献回顾来看，现有文献尽管对农村居民的攀比消费及其影响因素有所研究，但还是存在着研究空白点和不足之处，主要表现在以下几方面。

1. 现有研究缺乏对攀比消费的研究

在生活中，攀比是一种非常普遍的现象，但并没有引起学者们的重视，不论是在心理学还是在社会学领域，学者们也只是略有提及，都没有对攀比或攀比消费下一个明确的定义。攀比消费作为一种非理性的消费形式，与西方的炫耀性消费有不同之处，但这也没有引起国外学者的重视。在经济学和消费者行为学中，也很少有国内学者去研究攀比消费，研究炫耀性消费或奢侈品消费的则较多。从中国期刊全文数据库的检索数据来看，1989—2022 年 30 多年间与攀比消费有关的论文有 23 篇，与炫耀性消费有关的论文有 748 篇，与奢侈品消费有关的论文有 1613 篇（检索时间是 2022 年 11 月 10 日），这个数据也表明了国内学者对炫耀性消费和奢侈品消费的研究远多于对攀比消费的研究。

2. 对影响居民攀比消费的因素缺乏系统的研究

由于很少有学者研究攀比消费，因而对攀比消费的影响因素的研究就更少，尽管有些学者在某些方面谈到影响攀比消费的某些因素，但也只是泛泛而谈，没有系统地去研究，也没有去进行实证研究。杨敬舒从认同角度研究了我国居民攀比性消费，指出继承性认同、示范性认同和诱导性认同影响攀比性消费，我国居民攀比性消费心理和行为的重要动因是认同心理。在中国文化背景下，攀比消费在某种程度上是与面子紧密联系在一起的，追求认同实际上还是为了面子。攀比消费作为一种非理性的消费行为，受到多种因素综合的影响，只从认同角度去研究，并不能发现攀比消费深层次的影响因素，只有找出主要的影响因素并综合起来加以研究，才能挖掘出我国居民攀比消费严重的根源。

3. 对价值观如何影响攀比消费没有展开研究

价值观影响着人们的消费行为，也影响着人们的攀比消费。尽管国内有不少学者研究了价值观对消费者行为的影响，但是还没有学者研究价值观对攀比消费有何影响，也没有实证研究价值观不同维度对攀比消费影响的差异性。尤其是在我国农村，农村居民的价值观发生了很大的变化，并导致农民消费行为的改变，在一定程度上也加剧了农民攀比消费的倾向，这些并没有引起国内学者的注意和重视。

4. 现有研究缺乏面子和人情消费对攀比消费影响的实证研究

面子和人情消费具有中国特色，是典型的本土化概念，都对攀比消费有很大的影响。尽管有国内学者在相关文章中谈到了面子和人情消费对攀比消费的影响，但很少有学者去实证研究它们间的关系。例如，姜彩芬在《面子与消费》一书中谈到面子对消费有正向的影响，村民在消费中为了不失面子而与人攀比，为了维护自己的面子而进行礼物交换和宴请等。台湾学者黄光国在《面子——中国人的权力游戏》一书及相关论文中，提出了人情与面子的理论模式，但没有涉及面子和人情消费对攀比消费的影响。南京大学翟学伟教授在著作《人情、面子与权力的再生产》和多篇论文中，多次论述了面子与人情的关系，但也没有考虑到面子与人情消费对目前农村社会的攀比消费有何影响。

5. 现有研究缺乏地位消费和模仿消费对攀比消费影响的实证研究

国外学者研究了地位消费和模仿消费对炫耀性消费的影响,例如凡勃伦在《有闲阶级论》一书中提出了炫耀性消费的理论,并指出有闲阶级进行炫耀性消费的主要目的是炫耀自己的身份和地位,以及下层阶级进行"金钱上的效仿",模仿上层阶级消费的行为。Aron O'Cass 和 Hmily McEwen 在 *Exploring Consumer Status and Conspicuous Consumption* 一文中重点研究了地位消费对炫耀性消费的影响,并以实证研究表明地位消费对炫耀性消费有正向影响。但是国内外学者很少研究地位消费和模仿消费对攀比消费的影响,也很少有人去实证研究它们之间的关系。

6. 在现有的研究中,国内学者较少以农村居民作为研究对象

在经济学领域中,国内不少学者研究了收入的变化对农村居民消费的影响;在社会学领域,也有不少国内学者研究了制度的变迁对农民生活方式和消费行为的影响;从市场营销学或消费者行为学角度,国内很少有学者去研究农村居民的消费行为问题,更不用说研究农村居民的攀比消费问题。从中国期刊全文数据库的检索数据来看,50 多年间与攀比有关的 1325 篇文章(包括新闻报道)中(时间截至 2022 年 11 月 10 日),真正以农村居民作为研究对象的不到 10 篇,绝大多数是以学生为对象研究攀比或攀比心理形成的根源,或以城镇居民为对象研究炫耀性消费,这表明了农村居民作为一个消费主体并没有引起消费者行为学研究者的重视。

本章主要是从我国农村居民攀比消费的实际情况出发,结合实际访谈和国内学者的相关研究,总结和提炼出影响攀比消费的五大因素,并从国内外学者相关研究中分析和梳理了价值观、面子、地位消费、人情消费和模仿消费的相关概念和对攀比消费的影响。在本研究中,笔者没有把收入水平作为一个主要影响因素,主要是因为收入对消费行为的影响在经济学中已经反复得到研究和证明。通过文献梳理也发现,尽管收入水平对攀比消费有影响,但是经济条件不同的家庭在攀比消费中表现形式相似,只是攀比消费的内容不同,即使是经济条件最困难的农民在某种场合还是要攀比消费,这种情况可以从价值观、地位消费、面子、人情消费或模仿消费中得到合理的解释。正如中山大学社会学教授王宁指出的，消费不仅是一种经济现象，还是一种复杂的、综合性的经济、社会、政治、心理和文化现象，人们的消费模式也是在社会化过程中形成的①。

在文献梳理中，笔者主要从农村居民的角度来探讨攀比消费。实际生活中，城市居民或多或少也进行攀比消费，但在文献综述中，笔者很少提及城市居民，因为城市居民过去的消费模式和消费行为是农村居民目前消费的样板，城市居民目前的消费行为是农村居民现在或未来消费行为模仿和攀比的对象。因此，研究农村居民攀比消费就可以推测出城市居民以前的攀比消费痕迹。

---

①王宁.消费社会学：一个分析的视角［M］.北京：社会科学文献出版社，2001：2.

第 3 章　研究设计与理论假设

本章在界定相关概念和提出研究方法后，梳理了面子、价值观、地位消费、模仿消费和人情消费五个因素之间的关系及各因素对攀比消费的影响，根据面子磋商理论、社会认同理论和社会比较理论构建研究模型，在研究模型的基础上提出相关的理论假设。

3.1　研究设计

3.1.1　相关概念的界定

3.1.1.1　面子的层次

受中国传统文化和风俗习惯的影响，人们很看重自己或家庭在他人心目中的形象，追求一种社会认同感，喜欢要面子，人们追求面子实际上是看重面子背后的符号价值。从社会心理学角度看，面子代表了个人的身份、地位、财富和社会关系等，具有符号象征的意义，是一种稀缺的符号资源。

关于面子的层次，不同学者提出了不同的分类。Brown 和 Levinson 把面子分为积极面子和消极面子。积极面子是指正面的自我形象，追求与他人的亲近、和睦及受到他人赞同；消极面子是指追求个人自主，不受他人强加负担或义务。金耀基把面子分为社会性面子和道德性面子。社会性面子是社会赋予一个人的声望；道德性面子是一种道德品质，是团体对一个具有道德声誉的人的尊敬。成中英把面子分为主观的面子和客观的面子。主观的面子体现的是与社会关系及整个社会相关的个体自尊价值和自身的重要性，客观的面子体现的是个人被相同社会或社区中的其他成员认可的社会地位或价值。Ting-Toomey 把面子分为自我面子和他人面子。自我面子，涉及自我的形象；他人面子，涉及他人的形象。本研究的模型是以 Ting-Toomey 提出的面子磋商理论为基础的，因此笔者按照人们在讲面子过程中的导向把面子分成自我面子（涉及自我的形象）和他人面子（涉及他人的形象）。个体在维护自我面子和他人面子时采取的行为不同，在攀比消费中所涉及的消费行为也有差异，如表 3-1 所示。

表 3-1 与维护自我/他人面子有关的行为举例

	自我面子	他人面子	典型行为	与攀比有关的消费行为
两个面子都重视	√	√	理解、尊重	人情消费
只重视他人面子	×	√	说好话、拍马屁	
只重视自我面子	√	×	吹牛、炫耀、攀比	地位消费、模仿消费
两个面子都不要	×	×	骂人、打架	

注：①"√"表示要，"×"表示不要；②本表借鉴了王轶楠的成果。王轶楠."和而不同"的社会心理学分析 [J]．中国社会科学院研究生院学报，2008（5）：110．

3.1.1.2 农民价值观的类型

中国农民传统的价值观是在自给自足的自然经济条件下形成的，是农民主观上对客体对象的评价结构，影响着农民的日常生活。在社会转型阶段，农民的传统价值观发生了变化，农民的开放意识、主体意识、进取意识、法律意识、发展观念、道德观念、权威意识、贫富观念、民主意识和组织观念都随之发生了改变。

关于农民价值观的类型，不同的学者提出了自己的见解。袁银传认为，中国传统农民价值观主要体现为非主体性价值自我和追求和谐的价值目标两个方面，它具体是通过农民的个人权威崇拜、祖宗传统崇拜和自然崇拜表现出来的。李建春认为，农民价值观包括市场观、消费观、从业观、致富观、知识观、婚嫁观和生育观七个方面。秦永州指出，农民的价值观主要有崇拜权威的臣民意识、循规蹈矩的经世观念、封闭内向的文化心态、追求富贵的价值目标、平均主义的社会理想和背离传统的畸形行为六个方面的内容。林成福指出，在社会转型时期，农民的价值观表现为竞争意识、开放意识、商品意识和自主意识四个方面。贺雪峰指出，当前中国农村存在两种主要价值观，即本体性价值观和社会性价值观，这种价值观的分类得到了国内大部分研究农村社会学学者的认可。管爱华认为，农民的价值观主要表现为本体性价值观，是对人生终极价值的思考。潘煜认为，中国农民传统的价值观表现为儒家价值观，包括行为与身份的匹配、好面子和倾听他人三个方面。

在以上分类中，贺雪峰提出的两种主要农民价值观被广泛采用。在本研究中，笔者根据当前农村的实际情况，借鉴贺雪峰的研究成果，也把农村居民的价值观分成两种类型，即本体性价值观和社会性价值观。

3.1.2 研究方法

一般说来，研究方法主要有四种，即从理论到理论的方法、数理分析方法、实证研究方法和实验研究方法。在管理科学中，从理论到理论的方法采用得比较少；数理分析方法是理论经济学研究的主要方法；实证研究方法和实验研究方法是管理科学中两种主要研究方法。本研究主要采用实证研究方法，即从现实出发，通过实地访谈和问卷调查获取数据，并对数据资料进行统计分析和结构方程模型分析，研究变量之间的关系，得出相应的结论。具体来说，本研究采用定性和定量分析相结合的方法，对相关问题进行深入调查和实证研究。

3.1.2.1 定性研究方法

（1）资料收集和文献研究

笔者通过多种方法，一方面收集与攀比和攀比消费相关的中外学术论文和专题报道，对前人的研究成果进行分析，总结出攀比消费的相关概念；另一方面，收集农村居民攀比消费的相关资料，整理、分析农村居民攀比消费的原因和影响农村居民攀比消费的若干主要因素，在文献研究的基础上结合农村居民的实际情况提出访谈提纲。

（2）实地访谈

笔者和同事利用春节回农村老家过节的机会，与农民进行面对面深入访谈，先是围绕访谈提纲提问，然后围绕主题进行梯式提问。通过深度访谈，了解农民对攀比消费的看法、态度，掌握农民攀比消费的动机和影响因素，考察不同文化程度、收入水平和职业的农民对攀比消费的态度和看法的差异性，在深度访谈的基础上结合文献资料整理出攀比消费的影响因素，并设计预调查问卷。

3.1.2.2 定量研究方法

设计预调查问卷后,通过预调查对问卷进行分析和修订,得到最终调查问卷,随后进行最终调查。最终调查问卷回收后,通过下列方法进行实证研究。

(1)利用 SPSS 17.0 软件进行数据整理,利用探索性因子分析法探讨各影响因子和攀比消费的测量维度,利用 LISREL 8.70 软件进行验证性因子分析、量表的信度和效度检验及结构方程模型分析以检验假设。

(2)利用 SPSS 17.0 软件作 ANOVA 方差分析,分析性别、年龄、地区、职业、家庭收入对农村居民攀比消费的影响程度,以及农村居民和城市居民在攀比消费上的差异性。

(3)利用 SPSS 17.0 软件或 LISREL 8.70 软件作调节效应分析,分析在地位消费、模仿消费和人情消费影响攀比消费的过程中,社会比较的调节效应是否显著。

3.2 理论假设

在文献综述中,笔者提出了攀比消费形成的理论基础有相对收入消费理论、社会认同理论、面子磋商理论和社会比较理论,影响农村居民攀比消费的主要因素有价值观、面子、地位消费、人情消费和模仿消费。在农村,村民之间交往频繁,大家都很清楚每家每户的财产情况和信息,根据相对收入消费理论,在示范效应的作用下,农民在做出消费决策时容易受到其他村民消费行为的影响,特别是农民顾及个人及家庭的社会地位,在消费时会不顾自己的收入水平而向高收入者看齐,从而维护或增加自我面子。根据面子磋商理论,农民在社会交往中,会采用各种面子功夫维护自己的面子,有些人是为了追求一种社会地位而进行地位消费,有些人是通过模仿别人的消费行为,有些人则是在日常人情消费中通过礼金数额的多少来确定彼此之间的关系程度从而维护面子。在日常生活中,农民采用地位消费、模仿消费来维护自我面子,采用人情消费既维护自我面子也维护他人面子,这样就避免了交往中发生冲突和不愉快的事情。根据社会认同理论,农民通过地位消费、模仿消费和人情消费来构建自己的社会认同，并维护自己在群体中的面子。在现实生活中，当农民与他人进行比较时，如果发现别人有的东西他没有，就会担心被人瞧不起，自尊心受到伤害，社会认同受到威胁，因此通过攀比消费来提高自尊，维护社会认同，从而想方设法去购买别人已有的同类消费品，甚至超过别人。

地位消费、模仿消费和人情消费实质上是某种面子功夫，在正常的地位消费、模仿消费和人情消费中，农民理性的消费并不会导致面子竞争的异化，也不会出现攀比消费，一旦在消费中涉及竞争和比较的成分，盲目地追求面子，就会导致面子竞争的异化，从而出现攀比消费。特别是当今社会是一个竞争激烈的社会，农民受到各种因素的影响，在人际交往中处处以己为中心、以经济利益为中心，在地位消费、人情消费和模仿消费中不可避免地要与周围的村民比较，包括向上比较和向下比较。在面子观念的主导下，大多数农民都有向上比较的动机，与别人比较社会地位的高低、家庭富有的程度，在人情消费中比较谁送得多。根据社会比较理论，农民在消费中向上比较会经常造成自尊心的伤害和郁闷心情的发生，从而丢失面子。根据自我提升理论、自我维持评价理论和情绪调节理论，当农民的自尊心受到伤害或心情不好时，他会采取各种方法来提升自尊和缓解心情，例如购买彰显身份、地位的产品，购买能带来愉悦心情的产品等。社会比较的结果就必然导致农民在地位消费、人情消费和模仿消费中进行攀比消费，攀比消费在某种程度上就是因为农民害怕面子丢失导致自尊心受损和烦恼心情发生而采取的一种补偿策略或面子功夫。

面子磋商理论、社会认同理论和社会比较理论能够从理论上解释价值观、面子、地位消费、人情消费和模仿消费对攀比消费的影响，也能够为研究模型的构建提供理论基础。因此，根据面子磋商理论、社会认同理论和社会比较理论，笔者提出以下研究模型结构（图3-1）。

笔者根据研究模型结构图和相关文献综述，对这些影响因素进行理论假设，以确定它们与攀比消费的关系。

1. 价值观对面子的影响

在中国人的价值观中，面子最为重要，它既是社会道德标准形成的外部戒律，也是个人道德形成和发展的内部戒律。从本质上说，面子是个人对自己在

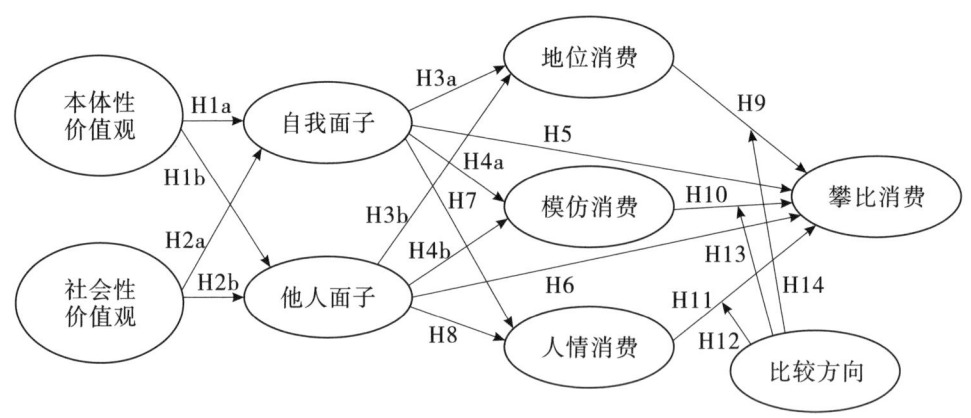

图 3-1 研究模型结构图

他人心目中的价值与地位的重视,其中自我价值观是面子的核心,社会性价值观是面子的象征。在社会文化环境中,价值观对面子有直接和间接的影响(John Oetzel,Ting-Toomey,et al.),特别是中国人深受传统儒家思想和价值观的影响,面子观念非常强烈,从生理需要到自我实现需要都受到面子的影响,并使人们的消费有很强的社会含义(Kwang-kuo Hwang)。

在农民的价值观中,面子有时候比自己真实的脸还要重要,它是风俗习惯、社会心理和价值观相互作用的产物,有广泛的社会认同基础。面子背后隐含着价值观判断,当价值观发生变化,面子和面子竞争的内容也发生相应变化。农村中不同村庄间面子和面子竞争的内容和形式不同,其原因就是面子背后的核心价值观的差异,即本体性价值观和社会性价值观的差异。

在以本体性价值观为主的村庄里,村民追求社会性价值观是为了更好地实现本体性价值观,在实现本体性价值观过程中会产生不同层次的舆论和观念,这些舆论和观念构成了村庄的共同价值观念、道德规范,制约了村庄中的面子竞争,维护了村庄良好的社会秩序,村民之间和睦相处,彼此尊重,没有自我面子和他人面子之分。20 世纪 90 年代以后,社会环境的变化导致农民本体性价值观逐渐丧失。一旦缺失本体性价值观,社会性价值观就会占主导地位,农民就非常重视面子的得失和他人的评价,他们过多关注赤裸裸的金钱利益,眼前的利益和享受才是最重要的,这诱发了面子的竞争,并导致面子竞争的异化。

人们过分看重自我面子和自己家庭的面子，而忽视他人面子，为了面子，村民在大小事上相互竞争。异化的、激烈的面子竞争使平静的村庄慢慢变成激烈的市场，村民间的任何事情都要按照市场规制来进行，他们陷入盲目的面子竞争和攀比消费之中，导致攀比消费愈来愈严重。为此，笔者结合文献综述的相关内容提出如下假设：

H1a：本体性价值观对农民的自我面子有正向影响

H1b：本体性价值观对农民的他人面子有正向影响

H2a：社会性价值观对农民的自我面子有正向影响

H2b：社会性价值观对农民的他人面子有负向影响

2. 面子对地位消费的影响

在中国人心目中，面子代表着一种声望和地位。在有些人看来，消费与炫富是衡量面子的重要指标，面子是中国人身份与地位的标识物。在人际交往中面子是一种象征符号，代表一定的身份和地位，是个体所拥有的社会地位与名誉的象征。面子意识强的人会不顾自己收入水平或地位，购买高价格的产品，从而维护自己的公众形象和提高自己的社会地位。人们通过地位消费提高自己的面子荣誉（Ting-Toomey & Atsuko Kurogi），实证研究也表明了在我国面子对地位消费有显著的正向影响。

在农村，面子维护的不仅是本人的名声和地位，还涉及本人背后的家族和群体的名声和地位，所以农民为了面子而进行地位消费是屡见不鲜的。地位越高的人，面子也就越大；面子越大的人，地位也就越高。一般说来，农民展现自己的金钱和地位主要有两种方法，一是日常的例行化消费，二是红白喜事等事件性活动。农村社会是一个典型的熟人社会，如果农民通过日常例行化的消费来显示家庭的富有，可能被村民们认为是浪费、奢侈。若通过各种事件性活动的攀比消费或炫耀性消费来显示家庭地位和富有，一般会得到村民们的认同。由于农村中事件性活动较少，日常的例行化活动非常多，农民展现自己地位和富有的机会较少，因此，一旦有机会，农民就会抓住机会，好好展现自己，赢取面子。深度访谈（如个案2、个案4、个案8、个案10、个案11等）也表明，在农村中面子与地位是紧密联系在一起的，农民为了自我面子经常进行地位消费，明显表现在建房上和购买家具家电上，房子建得越漂亮，越受到村民们的赞赏和羡慕，自己的面子也就越大。为此，笔者结合文献综述的相关内容提出如下假设：

H3a：自我面子对农民的地位消费有正向影响

H3b：他人面子对农民的地位消费有负向影响

3. 面子对模仿消费的影响

模仿是维护面子的最好办法（Lim & Bowers），中国人保护面子的心态导致在消费中模仿行为经常发生（Marie Henriksen）。当消费变成维护或挽回面子的一种工具时，人们别无选择，只好模仿社会群体的消费行为，否则就会丢失面子（Julie Juan Li & Chenting Su）。

农村的社会风俗习惯对人们的影响很大，如果个人违背了风俗习惯，就会名誉扫地，因此，农民宁愿付出很高的代价去遵从习俗、模仿他人的消费行为，以寻求社会认同感和归属感，维护自己及家庭的面子。在这种情况下，当经济条件差的农民要办红白喜事时，看到人家都办得很热闹，担心自己办得不好就会遭村民耻笑，在乡亲面前没有面子，也只好模仿别人，到处借钱办事。在农村地区，人们举行隆重的葬礼并不仅仅是为了悼念亡者，更多的是看重对生人的意义，条件好的子女因担心村民说他们不孝顺而不得不办好，条件不好的子女因害怕村民说他们没有本事也不得不办好。于是，葬礼的场面就向有钱人看齐，不论家庭条件如何，都相互模仿，从而获取一种道德性面子。特别是在差序格局的乡土社会中，农民喜欢模仿他人的消费行为，通过攀比来获得面子感。深度访谈（如个案1、个案3、个案5、个案13、个案17等）的结果也表明，村民看到邻居家新买了太阳能热水器，就觉得邻居家有钱、有面子，看到邻居买了一副金耳环，就觉得邻居很幸福，感觉自己比别人差，没有面子，于是就要向邻居看齐，邻居买啥自己也要买啥，不能让邻居看不起自己。为此，笔者结合文献综述中的相关内容提出如下假设：

H4a：自我面子对农民的模仿消费有正向影响

H4b：他人面子对农民的模仿消费有负向影响

4. 面子对攀比消费的影响

从儒家文化的角度来看，面子依附于社会自尊，是个人受到社会评价而感受到的自尊的变化，它不仅影响人们的情绪，而且还促使人们采取相应行为挽回面子或增加面子。无论在农村还是城市，也无论是在过去、现在还是将来，在日常生活中，不管是富人还是穷人，也不管是社会上层的人还是社会底层的人，无论怎样总是要面子的。在同一个村庄里，人们对面子的重视和追求往往具有趋同性，表现为一种地方性共识，即村庄认同，这种村庄认同通过心理作用上升为一种地方性规范，对村庄中的每个人进行行为上的约束。在形成面子认同的村庄里，因面子而攀比消费已成为农民认可的一种消费行为，农民从日常的面子竞争中通过攀比消费赢取了自尊，获得了大家的羡慕和尊重，也获得了一种社会地位，因此，他们在面子竞争中将不断攀比下去。深度访谈（如个案1、个案2、个案6、个案16等）的结果也表明，农民在日常生活中，面子和攀比消费的关系密切，越在乎自我面子的人，越主动或被动去攀比消费。攀比消费说到底就是为了一个面子问题。为此，笔者结合文献综述中的相关内容提出如下假设：

H5：自我面子对农民的攀比消费有正向影响

H6：他人面子对农民的攀比消费有负向影响

5. 面子对人情消费的影响

人情和面子的关系非常密切，人情是潜在的面子，面子是显在的人情，在社会交往中面子和人情可以互换，面子就是人情，人情越重，面子也就越大，面子越大，人情也就越难推托。面子是中国人情社会的潜规则。

黄光国教授在《人情与面子：中国人的权力游戏》①（*Face and Favor: The Chinese Power Game*）中提出了"人情与面子"的理论模型，该模型的核心内容是中国人人际关系的分类，他提出中国社会有情感性关系、工具性关系和混合性关系三种人际关系，这三种关系都是由工具性成分和情感性成分构成的，只

---

① 黄光国，胡先缙，等. 人情与面子：中国人的权力游戏 [M]. 北京：中国人民大学出版社，2010.

是不同关系中两种成分所占的比例不同。情感性关系中成员间以"需求法则"交往,成员间很少玩"人情"和"面子"的权力游戏;工具性关系中的社会交易法则是"公平法则",成员之间也不玩"人情"和"面子"的权力游戏;混合性关系中以"人情法则"作为社会交易法则,人际交往受"人情"和"面子"的影响,交往双方经常玩"人情"和"面子"的权力游戏,混合性关系必须通过人情来维持和发展①。

翟学伟教授在《人情、面子与权力的再生产》一书中指出,中国的人情关系是一种交换行为,这种人情交换有恩情、送人情和礼尚往来三种类型,人情实质是在关系网络中对这三种类型的平衡性的维持,它既表现为个体在某种压力下的"要面子"行为,也表现为关系结构上的"给面子"行为,保持住各人的面子就是维持住平衡的关系,也就讲了人情,一旦出现失衡现象,就表示其中有人丢了脸,或没有给面子②。

此外,贺培育和黄海提出,中国人的人情与面子可统称为"人情面子",它由人缘关系、感情投资和期权回报三种要素组成,在人情面子支配下,人际交往主要有三种类型:礼尚往来型、急功近利型和知恩图报型。在中国这个熟人社会里,人们通过礼尚往来积累人情面子,通过人情面子进行社会交换,通过知恩图报偿还人情面子③。

随着社会转型和市场因素对农村的渗透,传统的农村社会逐渐由熟人社会向陌生人社会转型,再加上外出打工的村民不断增多,村民之间的交往也从以血缘、地缘为主转向以地缘、业缘为主,交往的功利性、工具性日益增加,表现在人情消费上也日益增多,对面子的追求促使村民们参与人情消费的博弈。如果村民因贫困送不起礼而退出人情往来,实际上就是不给人面子,他自己也觉得没有面子。在农村,面子和人情联系在一起,给人"情面",也就是给人面

---

① 黄光国,胡先缙,等. 面子:中国人的权力游戏 [M]. 北京:中国人民大学出版社,2004:21.
② 翟学伟. 人情、面子与权力的再生产 [M]. 北京:北京大学出版社,2005:107.
③ 贺培育,黄海. "人情面子"下的权力寻租及其矫治 [J]. 湖南师范大学社会科学学报,2009(3):57-60.

子，否则就会断绝来往。费孝通认为，"亲密社区中既无法不互欠人情，也最怕'算账'。'算账''清算'等于绝交之谓，因为如果相互不欠人情，也就无需往来了"①。在社会交换中，人情法则往往超越法理，做任何事都要给人留点余地，给人面子是一种道德上的义务，否则是一种不可宽恕的无理行为。面子与人情已经形成一套价值体系，它经过长期的文化洗礼和熏陶，成为农村中人们处理问题、解决矛盾和获取利益的思维方式。深度访谈（如个案 5、个案 7、个案 11、个案 13、个案 19 等）的结果也表明，农民认为人情与面子是调节村民间关系的纽带，面子和人情消费在某种程度上是一回事，对方面子大，送礼就贵重，人情消费就多；自己的面子大，送别人礼时也送得多。你给别人面子，别人也就会给你面子；你不给别人面子，别人一定就不给你面子。因此，在人情消费中，你给他人面子，送得比较多，下次别人也会给你面子，送给你的也很多，给他人面子实际上还是给自己增面子。为此，笔者结合文献综述中的相关内容提出如下假设：

H7：自我面子对农民的人情消费有正向影响

H8：他人面子对农民的人情消费有正向影响

6. 地位消费、模仿消费和人情消费对攀比消费的影响

在文献综述中，笔者详细地分析了地位消费、模仿消费和人情消费对攀比消费的影响。在消费过程中，村民们相互比较，相互竞争，在比较、竞争中获得一种满足感或失落感，并以别人的评价来衡量自己的成功。在农村，由于本体性价值观的缺失，导致面子竞争出现异化。在这种情况下，人们不考虑自身的实际情况，在模仿消费、地位消费和人情消费中盲目与人比较，通过比较提高自我面子，在比较中又相互攀比，通过攀比消费进一步提升自我面子，从而出现了盖房比豪华、婚丧嫁娶比排场、人情比体面等现象。深度访谈（如个案 1、个案 2、个案 8、个案 10、个案 12、个案 18、个案 21、个案 24 等）的结果也表明，农民在地位消费、模仿消费和人情消费中喜欢与邻居比较，并通过攀比消费来体现自己的成功和经济实力。模仿消费、地位消费和人情消费在农村

---

① 费孝通. 乡土中国 [M]. 南京：江苏文艺出版社，2007：97.

是普遍存在的，它会在一个较长的时期内继续影响农民的日常生活，也会继续促使农村居民不断攀比消费。为此，笔者结合文献综述中的相关内容提出如下假设：

H9：地位消费对农民的攀比消费有正向影响

H10：模仿消费对农民的攀比消费有正向影响

H11：人情消费对农民的攀比消费有正向影响

7. 社会比较的调节作用

根据社会比较理论，人们在现实生活中，通过与别人的比较来判断自己的能力、社会地位和事业的成功。在消费中，人们通过比较拥有的物品来决定个人的相对社会地位，个人可以与情况差的人比较（向下比较），也可以与情况好的人比较（向上比较）。社会心理学家研究发现，人们有一种向上比较的驱动力，喜欢不切实际地与条件比自己好的人进行比较，理想和现实之间的差距促使他们产生拥有物质财富的欲望，并且有较高的消费意向（Kara Chan & Gerard P. Prendergast）。人们在消费中始终伴随着情感成分，从消极角度看，消费是为了摆脱痛苦；从积极角度看，消费是为了追求快乐。情感既是消费的动机之一，又是消费的结果。人们在地位消费、人情消费和模仿消费中，有社会比较的倾向，特别是向上比较，比较中出现了羡慕、妒忌、怨恨、失望等情感现象，为了摆脱痛苦，为了满足个人的欲望，或为了面子，或为了追求社会认同，人们主动或被动地进行攀比消费，通过攀比消费去拥有别人所拥有的一切，也通过攀比消费去获得心理的平衡。深度访谈（如个案1、个案2、个案5、个案9、个案10、个案12、个案16、个案22、个案24、个案27等）的结果也表明，在农村，农民不自觉地与别人比较，也习惯性地与别人比较，总是把眼光盯着比自己强的人，正如个案10所言："看烟花是小事，主要是看人前人后的得意。"为此，笔者结合文献综述中的相关内容提出如下假设：

H12：向上比较时，人情消费对攀比消费的影响比向下比较时更显著

H13：向上比较时，模仿消费对攀比消费的影响比向下比较时更显著

H14：向上比较时，地位消费对攀比消费的影响比向下比较时更显著

第4章 量表的探索性研究及调查

本章主要探讨相关量表的构建方法，包括价值观、地位消费、面子、人情消费、模仿消费、攀比消费和社会比较七个构念的量表。

4.1 量表的编制方法

量表是用来测量构念的调查工具，按照一定的结构顺序来安排全部陈述或项目，反映所测量的概念或态度的程度。笔者构建量表遵循 Churchill 提出的研究思路，而该思路也是在市场营销领域被广泛使用的。该思路如下：①将某一给定概念的度量变量具体化；②创建构成量表的原始陈述或项目，设计原始问卷；③数据收集，数据收集的目的是为了发现原始设计的度量项目中不合适的项目；④提炼测度，最终确定用于研究的测量项目；⑤再次收集数据；⑥验证量表的可行性；⑦验证量表的有效性；⑧总结、提炼出具有一定指导意义和规律性的理论[①]。

Churchill 指出，生成测量项目的方法主要有三种：①使用以往学者曾使用过的测项；②研究者根据相关概念和文献自行编制；③从消费者或专家的访谈中归纳出来。风笑天指出，在建立量表测项的时候，可以从两个方面来考虑。①利用前人已开发的量表。前人开发的量表是经过反复使用并得到检验的，效度和信度比较高，可以根据具体情况直接借用或进行一定程度的修改。但是，国外学者开发的量表并不完全适合我国文化环境，在使用时一般都需要作修改和补充。②研究者进行探索性研究，自行开发量表。采用实地观察和无结构访谈的方法收集资料，尤其是与研究对象进行深度访谈，可以获得第一手资料，

---

① CHURCHILL, JR, G A. A paradigrm for developing better measures of marketing constructs [J]. Journal of Marketing Research, 1979 (1): 64-73.

这样做可以从被研究者的角度看待问题,并观察被研究者的特征、行为和态度。通过以上方法,可以避免在量表中出现含糊的问题,也可避免设计不符合客观实际的测项,从而提高量表的质量①。

本研究采用构建量表的通用思路和上述几种方法编制相关概念的测量项目。第一步,结合相关重要文献资料,如金盛华开发的中国人价值观问卷(Chinese Values Questionaire, CVQ)、张梦霞开发的儒家文化价值观量表,John Oetzel 和 Ting-Toomey 开发的自我面子和他人面子量表,Jacqueline K. Eastman 等人开发的地位消费量表,Frederick X. Gibbons 和 Bram P. Buunk 开发的社会比较量表,将以上量表结合我国农村居民的实际情况进行了修改和补充。第二步,结合实地观察和深度访谈资料,开发出人情消费、模仿消费和攀比消费三个概念的初步测量项目,这样本研究中价值观、面子、地位消费、人情消费、模仿消费、攀比消费和社会比较七个概念的初步量表基本确定。第三步,为了保证量表的内容效度,笔者运用了专家意见法,将量表初稿多次发给四位营销学博士和两位社会学博士,请他们对量表初稿进行评估,主要关注各概念的测项设计是否合理,是否能真实反映该概念。第四步,通过小规模的预调查,预测有关概念的测量项目,以检验测量的结构是否理想,问题题项是否合适。第五步,通过探索性因子分析,留下有效的项目,舍去或修订不适当的问题项目,对原始测量进行修正,确定各个概念的最终测量题项。第六步,正式调查,大规模地发放调查问卷,收集数据。第七步,对正式调查的数据再进行探索性因子分析,并通过验证性因子分析验证各个概念的最终测量题项,以检验量表信度和效度。本研究共包括八个子研究(表4-1)。

---

①风笑天. 社会学研究方法 [M]. 北京:中国人民大学出版社,2009:97.

表 4-1　各项研究的基本情况

研究项目	研究目的	研究方法	抽象方法及有效样本数
研究一	探索攀比消费及其各影响因素的测量题项	在文献研究的基础上结合实地观察和深度访谈，初步探索价值观、面子、地位消费、人情消费、模仿消费、社会比较和攀比消费的测量项目，每个样本访谈时间为 1 小时左右	方便抽样，有效农村居民样本 30 个
研究二	问卷预测和修正	通过预测情况和初步信度分析，舍去、修改有关概念的题项，确定最终问卷	方便抽样，有效农村居民样本 360 个
研究三	各概念的探索性因子分析	用 SPSS 17.0 作探索性因子分析（EFA），探索各概念的维度	在全国采用方便抽样，收集到有效农村居民样本 1596 个；随机抽取其中 1000 个样本作探索性因子分析
研究四	各概念的验证性因子分析	用 LISREL 8.70 作验证性因子分析（CFA），探讨各概念的效度和信度	在全国采用方便抽样，收集到有效农村居民样本 1596 个；随机抽取其中 596 个样本作验证性因子分析（即抽取 1000 个样本后剩下的样本）
研究五	各影响因素对攀比消费的影响程度之验证	用 LISREL 8.70 作结构方程模型分析，探索各影响因素对攀比消费的影响程度，验证相关假设	在全国采用方便抽样，收集到有效农村居民样本 1596 个
研究六	社会比较的调节效应分析	用 LISREL 8.70 软件作多样本结构方程模型分析	在全国采用方便抽样，收集到有效农村居民样本 1596 个

续上表

研究项目	研究目的	研究方法	抽象方法及有效样本数
研究七	人口统计变量对攀比消费的影响	用 SPSS 17.0 作 ANOVA 分析	在全国采用方便抽样，收集到有效农村居民样本 1596 个
研究八	农村居民和城市居民攀比消费的比较分析	用 SPSS 17.0 作 ANOVA 分析，用 LISREL 8.70 软件作多样本结构方程模型分析	在全国采用方便抽样，收集到有效农村居民样本 1596 个、城市居民样本 495 个

4.2 深度访谈

4.2.1 深度访谈基本情况

深度访谈（depth interview）是一对一执行的非结构化、直接的人员访谈，由熟练的调查员对单个的调查对象进行深入的面谈，从而挖掘关于某一主题潜在的行为动机、信仰、态度以及感受。

为了了解农村居民攀比消费及其影响因素，在 2010 年 1—3 月，笔者组织多个同事（都是市场营销专业毕业的，且在高校任教多年）利用春节回农村老家过年的机会，深入农村对部分农民进行了深度访谈。访谈对象是年龄在 20~60 岁的农民，总共访谈了 30 个个案，访谈的地点在农民的家里，每个访谈的时间在 1 小时左右。访谈员与被访谈者是熟人，为了解除被访谈者的顾虑，访谈员以家常聊天和直接提问（访谈员有一个统一的访谈提纲，可以根据实际情况进行调整）相结合的方式进行，力求气氛和谐、内容丰富。在访谈过程中，调查员在必要的时候进行梯式提问。在现场，除了访谈外，获取信息的另一种方法是实地观察。观察的主要内容是被访者的房屋结构、室内装修、室内布置、家具、家电以及能够反映被访者消费形式的其他信息，从而确定是否存在攀比消费的情况。访谈中除了了解被访者的年龄、性别、职业、家庭收入等人口统计特征外,主要了解被访者对攀比消费的理解、看法,攀比消费的原因,影响攀比消费的因素以及该村攀比消费的基本情况。访谈目的在于了解:

①该村有没有攀比消费的现象?如果有,基本情况如何?

②农民是如何界定攀比或攀比消费概念的?

③农民攀比(或攀比消费)的原因是什么?哪些因素影响攀比消费?

④农民一般在什么情况下会去攀比消费?

⑤攀比消费的形式有哪些?或攀比消费表现在哪些方面?

⑥攀比消费(或攀比)对农民有什么样的利弊?

受访者的基本资料和描述信息分别见表4-2和表4-3。

表4-2 深度访谈受访者基本资料表

编号	姓氏	性别	年龄/岁	籍贯	职业
1-LMJ-58	雷	男	58	湖北	农民
2-ZJL-50	张	男	50	山东	农民
3-LXJ-46	吕	男	46	山东	农民
4-LDJ-49	李	男	49	湖北	农民
5-CML-24	陈	女	24	江西	农民
6-XGQ-52	熊	男	52	江西	农民
7-WHX-55	王	女	55	江西	农民
8-YTT-29	尹	女	29	江西	农民
9-HJ-24	黄	女	24	江西	农民
10-ZL-30	张	女	30	江西	农民
11-LP-31	刘	男	31	江西	农民
12-ZXL-28	张	女	28	江西	农民
13-XSL-60	熊	男	60	湖北	农民
14-XLS-47	徐	男	47	湖北	农民
15-LZQ-30	刘	男	30	湖北	农民
16-XHJ-38	徐	男	38	湖北	农民

续上表

编号	姓氏	性别	年龄/岁	籍贯	职业
17-XXQ-58	徐	男	58	湖北	农民
18-XQS-45	徐	男	45	湖北	农民
19-XMQ-55	徐	男	55	湖北	农民
20-TGR-54	唐	女	54	重庆	农民
21-LBX-35	罗	女	35	重庆	农民
22-YL-31	余	女	31	重庆	农民
23-LWJ-37	李	男	37	重庆	农民
24-YWP-22	余	女	22	重庆	农民
25-TSY-60	唐	男	60	重庆	农民
26-TSX-55	唐	女	55	重庆	农民
27-ZFQ-33	赵	女	33	重庆	农民
28-LYY-56	李	女	56	重庆	农民
29-PCJ-43	彭	男	43	重庆	农民
30-PCR-41	彭	女	41	重庆	农民

表4-3 深度访谈样本描述信息表

性别	男	16人	53.3%
	女	14人	46.7%
年龄/岁	均值（Mean）		42.5
	标准差（SD）		12.3
	最大（小）值		60（22）
籍贯	湖北	9人	30.0%
	江西	8人	26.7%
	山东	2人	6.7%
	重庆	11人	36.6%
职业	农民	30人	100.0%

4.2.2 深度访谈结果分析

在访谈中我们采用现场录音、现场记录、回忆整理等形式形成访谈原始资料，笔者对这些原始资料进行了汇总和内容分析。通过分析访谈资料，笔者发现攀比消费与年龄有关，年纪大些的农民，如60岁左右的，对面子和人情看得比较重，在消费中受面子和人情的影响较大，攀比消费的程度较大；而年轻人对面子和地位比较重视，在消费中易受面子和地位的影响，喜欢与别人比较，看见别人买了啥也买啥，表现出从众和模仿的行为，攀比消费的欲望强烈。但是他们都认为攀比消费是环境所迫，浪费严重，弊大于利。

根据深度访谈的结果，这30个被访者在访谈中，直接或间接提到的影响攀比消费的因素有自尊心、虚荣心、金钱、面子、地位、人情和模仿等，根据研究需要，笔者把这些因素归为四大类，即面子、地位消费、人情消费和模仿消费。表4-4是30个被访者直接或间接提及的上述四个因素的次数总结，有的因素如面子，一个被访者在谈话中多次提到，在本表中只记一次，也就是说本表中的次数是按人数统计的而不是按被提及的次数统计的。

表4-4 影响因素被提及的次数

影响因素	次数/次	人数/人	百分数
面子	20	30	66.7%
地位消费	16	30	53.3%
人情消费	9	30	30.0%
模仿消费	18	30	60.0%

从表4-4中，我们可以发现，在这四种影响攀比消费的因素中，面子问题是大部分农民都提及的，其次是模仿消费，人情消费提及的人相对较少。这种结果表明，在被访的30人中，大多数农民是为了面子或为了模仿他人去攀比消费，一部分人是为了社会地位而去攀比消费，小部分人则是在人情消费中去攀比。30个被访者中，有20人认为，面子在村民日常生活和消费中占有重要的地位，地位消费、人情消费和模仿消费都是为了面子，有26人认为攀比消费的最

终的目的还是面子。

在这四种影响攀比消费的因素中，各因素所占的比重也有不同（表4-5）。从表中可以看出，面子占的比重最大，为31.7%；其次是模仿消费，比重为28.6%；第三是地位消费，比重为25.4%；最后是人情消费，比重为14.3%。也就是说，在农村，影响农村居民攀比消费的四个主要因素中，面子影响最大，其次是模仿消费和地位消费，人情消费影响相对较小，这与后面的实证研究结果基本一致。

表4-5 各影响因素所占的比重情况

影响因素	次数/次	总次数/次	比重	累计比重
面子	20	63	31.7%	31.7%
地位消费	16	63	25.4%	57.1%
人情消费	9	63	14.3%	71.4%
模仿消费	18	63	28.6%	100.0%

4.3 量表的预测及正式调查

4.3.1 量表的预测

通过深度访谈和文献研究，笔者设计了预调查问卷。问卷包括两个部分，第一部分是测量价值观、面子、地位消费、模仿消费、人情消费、攀比消费和向上比较的题项，该部分所有题项都采用李克特（Likert scale）7分量表，"1"表示非常不同意，"4"表示中立，"7"表示非常同意，数值越小表示越不同意，数值越大表示越同意。第二部分是基本资料调查，包括性别、年龄、职业等人口统计变量。虽然该问卷中第一部分各构念的测量题项是经过文献研究、深度访谈等方法设计的，具有一定的内容效度，但并不能保证农村居民都能正确理解每一个题项，也不能保证面对不同的访谈个体时，问卷测量的结构是理想的，题项描述是合适的，问题难度是适当的，量表信度、效度达到要求，等等，因此，还需要进行预调查，以便对量表的测项进行修改处理。2010年4—5月，笔者对量表进行了预调查。笔者通过方便抽样选取了湖北、云南和四川三个省份的若干个农村地区，主要采用入户调查的方式①，发放了问卷 450 份，回收了问卷 412 份，其中有效问卷 360 份。然后对这 360 份有效问卷作卷面分析、描述性统计分析和探索性因子分析，在分析的基础上通过以下方法对量表初稿进行了若干项目的修改和补充。

1. 使用通俗易懂的语句

因被调查者都是农村居民，他们很多人文化程度不高，将近 27% 的人小学还没有毕业，初中及初中以下学历的人占了 60% 左右。为了保证调查对象能正确理解题项，调研团队对所有题项的语句都进行了修改，使用通俗易懂的语言或更加口语化的语言，并且问题的陈述尽可能简短明了。

2. 舍去若干题项

有些题项大家的看法基本一致，如"活着比其他一切事情都重要""男女应该平等"等题项，而且在因子分析中其在各因子上的载荷系数都小于 0.4，因此舍去这些题项。也舍去了问卷中普遍没有回答的个别题项。在因子分析中对在各因子上的载荷系数都小于 0.4 的题项舍去，对某一因子上的载荷系数大于 0.5 而在另一因子上的载荷系数大于 0.4 的题项也都舍去。

3. 用 SPSS 17.0 软件对数据进行初步信度分析

具体方法是对各个构念的测量项目的相关关系进行检查，也就是考察每个维度的题目总分相关（item-total correlation），如果其中一个测量项目与其他测量项目的相关系数的绝对值都小于 0.4，且删去该项目后 Cronbach α 值会增加，则删去这个测量项目。

经过量表的预测、分析、修改、补充和完善，形成了正式的调查量表，量表共有价值观（包括两个维度：本体性价值观和社会性价值观）、面子（包括两个维度：自我面子和他人面子）、地位消费、模仿消费、人情消费、攀比消费和

---

① 笔者回湖北老家后，走访若干个村庄 150 户家庭，现场发放问卷，现场收回问卷或次日再去收回问卷。在云南和四川，笔者委托以前的两个学生（一个在四川做基层公务，另一个在云南某农村小学教书）进行预调查。他们俩也是采取与笔者相同的方法各发放问卷 150 份。

社会比较七个变量。社会比较为调节变量,包括向上比较和向下比较,得分以4为分界点,低于4分的为向下比较,高于4分的为向上比较,等于4分的为平行比较,本研究着重考虑向上比较和向下比较。正式使用的调查量表见表4-6,表中列出了各变量的测项以及测项的来源。

表4-6 各变量的测量量表(初测后之修正版)

变量名	各变量的测项
本体性价值观	一个家庭没有男孩是令人遗憾的事
	生儿育女是为了传宗接代
	养儿就是为了防老
	人活着最重要的目标就是养老育小
社会性价值观	金钱使人们的生活变得更幸福
	有物质享乐的生命才有意义
	金钱是最重要的衡量个人价值的标准
	有钱什么都能买到
自我面子	我很看重自己在村里的威望
	我觉得面子很重要
	我很看重自己及家人在村里的面子
他人面子	我愿意帮助别人维护他的面子
	我不做伤害他人面子的事
	我一般不会当众指出别人的错误
	我一般优先照顾别人的面子
地位消费	我对含有地位意义的东西感兴趣
	因为东西含有地位意义,我才买
	如果东西有地位意义,我愿多掏钱买
	东西的地位意义对我很重要
	如果东西能吸引别人的注意,我就更愿意买

续上表

变量名	各变量的测项
人情消费	送礼要送得体面，双方都有面子
	送礼是真实表达感情的需要
	送礼是为了增进感情
模仿消费	别人有的东西，我也一定要有
	别人怎么做，我也跟着怎么做
	别人买了啥，我也跟着买啥
	每个人都买了，我也要买
攀比消费	别人过得好，我要比别人过得更好
	邻居盖了新房，我也要盖而且比邻居盖得好
	办事情，我就要超过别人
	别人都这样，自己不能比别人差
向上比较	办红白喜事时，我经常与办得好的家庭比较
	盖房子，我喜欢与村里盖得好的人比较
	送礼时，我经常与送得多的人比较
	当不知道做得怎样时，我有时与做得好的人比较
	当情况变坏时，我会想到情况比我好的人
	我有时与生活中各方面都比我强的人比较

4.3.2 正式调查

1. 调查过程及方法

在预调查过程中主要采用入户调查的方式，正式调查时间为2010年5—9月。调查的方法主要有七种。第一种是利用九江学院商学院团委在暑假期间组织大学生"三下乡"活动的机会，在九江学院商学院农村生源中选择30名学生，每个省（区、市）安排一名学生，每个学生回乡进行入户调查，共发放30份问卷。第二种方法是组织部分暑假期间到企业实习的学生去企业面向农民工发放问卷进行调查。第三种是与农村小学的校长联系，请校长统计本校四年级以上的学生家长在家的有多少，让这些学生把问卷带回家请家长填写，然后再交回校长。第四种方法是笔者去农村，通过熟人带领户户走访，请在家的村民帮忙填写问卷。第五种方法是通过熟人在北京市顺义区某大型私营企业组织农民工300人填写调查问卷。第六种方法是通过已经毕业的在农村工作的大学生利用工作的便利在农村进行入户调查。第七种方法是通过在高校做教师的同学帮忙，由同学组织大学生到学校附近的农村地区调查。另外，为了进行农村居民与城市居民攀比消费的比较研究，笔者主要选取了北京市、新疆的独山子区、江西省的九江市和湖北省的武穴市四个城市，在每个城市发放了150份问卷。北京市代表了大城市，独山子区和九江市代表了地级市（区），武穴市代表了县级市。北京市是通过网络向大学同学发放电子版问卷，然后同学以"滚雪球"的方式向本公司或别的公司员工发放电子版问卷；独山子区和武穴市主要是通过同学在本企业或公司随机调查150名员工；九江市是通过熟人关系在某大学调查了150名教职员工。通过以上方法，最终共发放了2400份调查问卷。

在调查前，笔者与组织调查的相关人员进行了多次电话沟通，强调了调查的重要性和注意事项，在调查过程中也多次通过电话联系参与调查的学生，了解调查进度。对参加调查的大学生进行动员和培训，为了提高学生的积极性和保证调查问卷的质量，给每个大学生发放了适当的调查费。在农村小学，笔者在班主任的配合下对小学生（主要是四年级以上的学生）进行了详细的讲解和说明，班主任把这次调查当作一次作业布置给学生，要求学生把相关说明告诉家长（每个学生同时发了一张填答问卷的说明书），并要求学生的家长在问卷上签名，从而保证调查问卷的质量和调查过程能够顺利进行。

本次调查持续的时间较长，涉及的工作量很大，调查范围除了西藏自治区、内蒙古自治区和海南省外，其他各省、自治区、直辖市都有样本，调查中遇到的困难也很多，经过调查人员的不懈努力和绝大部分被调查者的积极支持及配合，到9月底共收回调查问卷2280份。

2. 样本容量大小

探索性因子分析容易受到样本容量大小的影响，在通常情况下，大样本因子分析中出现的因子模式比小样本中出现的因子模式稳定（Devellis）。Guadagnoli 和 Velicer 发现，在大多数情况下，当测量项目之间的相关性足够大时，有 150 个观察样本就足以进行探索性因子分析。Rummel 建议样本量与测量项目的比例应在 4∶1 以上，Schwab 建议样本量与测量项目的比例应至少是 10∶1①。Tinsley 建议每个题项需要 5～10 个样本，最多 300 个样本。Gomrey 认为，100 个太少，200 个比较好，300 个恰好，500 个十分好，1000 个极好，200 个样本对于不超过 40 个题项的一般因子分析来说是足够的②。验证性因子分析对样本量也有一定的要求，如果数据分布正态，样本量与测量项目的比例应在 5∶1 以上，且最小样本量为 100；对于非正态分布数据，样本量与测量项目的最低比例为 10∶1，也要满足最低样本量为 100 的要求。本研究在最终调查中共发放问卷 2400 份（其中农村 1800 份③，城市 600 份），共回收问卷 2280 份（其中农村 1770 份，城市 510 份），回收率为 95%（农村的回收率为 98.3%，城市的为 85.0%），最后得到有效调查问卷 2091 份（其中农村 1596 份，城市 495 份），有效率为 91.7%（其中农村的有效率为 90.2%，城市的为 97.1%）。本研究的正式调查问卷中共有 82 个观察变量，其中调节变量有 6 个，观察变量有 76 个。根据探索性因子分析和验证性因子分析对样本量的要求，本研究的样本量超过了样本数与观察变量的比例要求，完全符合研究需要，可以进行探索性因子分析、验证性因子分析和结构方程模型检验。

由于我国农村地区差异较大，经济发展水平不平衡，各个地区的消费习惯、风俗习惯和攀比消费等都存在差异性，理论上来讲，只有在每个农村地区随机选择的若干个有代表性的样本数据才是最有效的。风笑天认为，在普通调查中，

---

① 刘军. 管理研究方法：原理与应用 [M]. 北京：中国人民大学出版社，2008：121.
② 阳翼. 中国独生代消费行为研究 [M]. 广州：暨南大学出版社，2008：126.
③ 根据中国县、乡镇、村的实际情况，笔者把家庭所在地在农村、县城和郊区的居民全部视为农村居民。因为在现实生活中，我国商业网点分布不均，农村居民往往在镇、县一级的商业网点购买生活消费品，在县城和郊区的居民的生活方式和消费方式与农村居民有很大的相似性，并且有些家庭条件好的农民在县城购买了住房，而郊区的居民大多数身份还是农民，实证也表明郊区、县城和农村居民在攀比消费上的差异性不显著。因此，1800 份样本包括家庭所在地在农村、县城和郊区的居民。

样本规模在 1000 人左右，就能够满足要求了，除非有特殊理由，否则样本规模一般不要超过 2500 人。本研究有选择性地在某些省份的农村地区共发放问卷 2400 份，回收的有效问卷样本量较大（2091 份）。尽管本研究的样本没有覆盖全国每个农村地区，调查过程中也不能算是严格使用随机抽样调查方法，但主要省份的农村地区还是覆盖了，根据风笑天的观点，本次回收的样本数据能满足研究需要，也能反映出当前我国农村居民攀比消费的基本情况。从总体上来看，样本的代表性还是可行的。

第 5 章 数据分析

确定了研究设计和理论假设后,在文献研究、深度访谈的基础上,笔者设计了问卷的初稿,经过多次修改和预调查确定了最终调查问卷,并进行最终调查。本章主要是对回收的最终问卷进行整理,用 SPSS 17.0 软件对数据进行探索性分析和人口统计变量对攀比消费的影响分析,用 LISREL 8.70 软件进行验证性因子分析、结构方程模型分析以及社会比较的调节效应分析,探讨各因素对攀比消费影响程度的大小。

5.1 样本描述性统计分析

5.1.1 无效问卷的处理和样本的分组

1. 无效问卷的处理

在数据资料录入后,通过数据清理去掉无效问卷。首先是有效范围清理。利用 SPSS 17.0 软件执行各题项频数分布的命令,对数字错误的题项同原始问卷进行核对和修改,当一份问卷中错答、乱答的题项不止一两处时,就将这个样本的全部数据取消,作废卷处理。其次是逻辑一致性清理。对问卷中题项之间存在某种内在的逻辑性联系的,检查前后数据之间的合理性,对前后数据不合理的样本同原始问卷进行核对和修改,当一份问卷中逻辑不合理的不止一两处时,就将这个样本的全部数据取消,作废卷处理。最后是对有缺失值样本的处理。侯杰泰、温忠麟和成子娟认为,在计算变量间的相关系数或协方差时,对缺失值数据的处理可以采用列删法、对删法、均值替代法、回归或主成分法、最大似然估计法等方法,当样本数很多,而缺失不多,也不集中于某一类样本或某些变量时,列删法是最简便的处理方法。列删法(listwise deletion)是指删去有缺失值的样本,只用数据齐全的样本。本研究的样本有 2280 份,删去有缺失值的样本后还有 2150 份，样本容量还是够大，因此本研究采用列删法处理有缺失值的样本。通过以上三种方法清理掉无效问卷后，本研究的有效样本数为 2091 份。

2. 样本的分组

刘军认为，在进行探索性因子分析和验证性因子分析时，应该采用两个不同的样本，也就是说，进行验证性因子分析时一定要重新选取一个新样本，不能用探索性因子分析的样本。他认为，在实际研究中，可以先抽取一个大样本，然后随机将大样本的数据分成两个样本。在调查中共收集到 2091 份有效样本，其中农村样本数为 1596 个，城市样本数为 495 个。由于本研究主要是探讨农村居民攀比消费的影响因素，因此，在探索性因子分析、验证性因子分析和结构方程模型分析中是以 1596 个农村样本作为研究对象的。根据刘军的建议，笔者在进行探索性因子分析和验证性因子分析时，把农村有效样本 1596 份分成两个样本，从中随机抽取 1000 个样本作为样本 1，剩下的 596 个样本作为样本 2，用样本 1 作探索性因子分析，样本 2 作验证性因子分析，用 1596 个样本作结构方程模型分析及检验。

5.1.2 描述性统计

描述性统计分析主要是描述数据的集中趋势、离散度、偏度、峰度以及数据的频次分布，它能更好地帮助我们了解数据的基本特征，为后续的定量研究分析做好基础。有效的统计分析的条件是良好的数据特征，在营销研究中，为了获得良好的数据特征，就需要采集到近似的正态分布的数据，为此需要选取较大的样本，因此，本研究初步选取的样本数量为 2400 份，最后得到有效样本数量为 2091 份。

本研究的描述性统计分析包括：①基本的人口统计变量，包括性别、年龄、家庭收入、文化程度、职业状况、婚姻状况和家庭所在地，以确保被调查者为本研究的目标调查对象；②样本数据的总体特征，包括均值（Mean）、标准差（SD）、方差、偏度（SK）、峰度（KU）和数据的正态分布情况。

样本数据的总体特征描述在后面的验证性因子分析中加以说明，在此，笔者先对 2091 份有效样本的基本人口统计变量作说明（表 5-1），从表中可以看出样本的人口统计变量的基本情况。

表 5-1　人口统计变量统计描述

	序号	变量类别	人数/人	比例
性别	1	男	1192	57.0%
	2	女	899	43.0%
年龄	1	20 岁以下（包括 20 岁）	172	8.2%
	2	21~30 岁	689	33.0%
	3	31~40 岁	678	32.4%
	4	41~50 岁	322	15.4%
	5	51~60 岁	124	5.9%
	6	61 岁以上	106	5.1%
家庭年收入	1	4000 元以下	184	8.8%
	2	4000~8000 元	266	12.7%
	3	8000~12000 元	332	15.9%
	4	12000~16000 元	171	8.2%
	5	16000~20000 元	248	11.9%
	6	20000~24000 元	206	9.9%
	7	24000~28000 元	131	6.2%
	8	28000~32000 元	196	9.3%
	9	32000 元以上	357	17.1%
文化程度	1	小学及以下	279	13.3%
	2	初中	732	35.0%
	3	高中	421	20.1%
	4	中专	198	9.5%
	5	大专及以上	461	22.1%
婚姻状况	1	未婚	561	26.8%
	2	已婚	1413	67.6%
	3	离异	64	3.1%
	4	丧偶	53	2.5%

续上表

	序号	变量类别	人数/人	比例
所属省（区、市）	1	北京、天津、上海	130	6.2%
	2	广东	66	3.2%
	3	山东、江苏、浙江	134	6.4%
	4	河北、山西、陕西、甘肃	177	8.5%
	5	黑龙江、辽宁、吉林	111	5.3%
	6	云南、贵州、广西、海南	101	4.8%
	7	四川、重庆	174	8.3%
	8	西藏、青海、宁夏、内蒙古、新疆	186	8.9%
	9	湖南、湖北、河南、福建、江西、安徽	1012	48.4%
工作状况	1	在家种田	428	20.4%
	2	在外打工	545	26.1%
	3	当个体户	203	9.7%
	4	在单位上班	458	21.9%
	5	自己创业	117	5.6%
	6	失业	27	1.3%
	7	其他	313	15.0%
家庭所在地	1	农村	1158	55.4%
	2	城市	495	23.7%
	3	郊区	170	8.1%
	4	县城	268	12.8%

  从上表的数据来看，样本中男性的人数略大于女性的人数，这与农村中大部分男人当家做主有关；从年龄上来看，各年龄阶段都有一定的比例样本，但主要分布在 20~50 岁，这也与农村实际情况相符合；从家庭收入上来看，年收入在 4000 元以下的有 184 人，占 8.8%，年收入在 32000 元以上的有 357 人，占

17.1%，后面这部分家庭主要分布在城镇；从收入分布情况来看，农村居民家庭的贫富差距也较大；从文化程度上来看，初中及以下学历的农民占了近50%，高中学历的占了20.1%，大专及以上的主要是城镇居民；从婚姻状况上来看，绝大多数人是已婚的，占了67.6%，有少数离异和丧偶；从所属省份来看，基本上每个省都有一定的样本，但主要分布在湖南、湖北、河南、福建、江西、安徽；从工作状况来看，在家种田的和在外打工的占了很大比例，在单位上班的主要是城镇居民；从家庭所在地来看，农村占了55.4%，城市占了23.7%（郊区居民、县城居民情况与农村居民情况相近，可以把他们合并在一起，这样农村居民的样本数就占了76.3%，与本研究的研究主体相符合）。从样本分布的总体情况来看，样本分布合理，基本上符合正态分布，符合研究要求。

5.2 探索性因子分析

探索性因子分析的目的是提炼最具有代表性的度量因子，保证最终量表的可行性和有效性。本研究主要利用 SPSS 17.0 对样本 1 的 1000 个样本进行探索性因子分析。笔者根据以下依据对题项进行保留筛选：①构念的变量共同性大于 0.5；②在同一个因子下的题项能够从一个共同的、重要的方面去解释相应的构念。根据这两个依据对量表中的 76 个题项进行筛选，最终保留了 31 个题项，保留下来的用于解释因子的 31 个题项的变量共同性均大于 0.5，满足要求。

在进行探索性因子分析之前，要检验其适合程度，本研究采用通用的 KMO 值和 Bartlett 球状检验。KMO 值是用来比较观察变量之间的简单相关关系和偏相关系数大小的一个指标，其值大小在 0~1 之间，KMO 值越大，表明数据越适合作因子分析。Kaiser 认为，KMO 值在 0.50 以下的不适合作因子分析，KMO 值在 0.80 以上的很适合作因子分析。KMO 值的判断标准见表 5-2。对 31 个题项进行因子分析，结果显示 KMO 度量为 0.884，大于 0.8，表明数据很适合作因子分析。Bartlett 球状检验只有拒绝变量间不相关的零假设，才可以作因子分析，Bartlett 球状检验的显著性水平 $p = 0.000 < 0.05$，表明数据很适合作因子分析（表 5-3）。

表5-2　KMO值的判断标准①

KMO 值	因子分析适合性
大于 0.90	极佳（marvelous）
大于 0.80	良好（meritorious）
大于 0.70	中度（middling）
大于 0.60	平庸（mediocre）
大于 0.50	可悲（miserable）
小于 0.50	无法接受（unacceptable）

表5-3　KMO值和Bartlett球状检验

KMO	Bartlett's Test of Sphericity		
	Approx. Chi-Square	df	Sig.
0.884	11355.992	465	0.000

通过对因子进行正交旋转，并选取特征根大于1的数据，量表题项可以较好地被8个因子解释，美国著名的市场营销研究专家Malhotra认为累计方差解释贡献率最好大于60%，本研究中所有8个因子构建的度量结构累计解释了63.450%的方差贡献率，大于60%的要求。经过旋转后，每个因子对应的原始变量的因子载荷均大于0.5。各因子的命名主成分因子分析结果见表5-4。从表5-4中可以看出，解释因子的31个原始变量的变量共同性均大于0.50，满足要求。

表5-4　正交旋转后因子分析结果

原始变量	变量共同性	平方载荷旋转							
		因子1	因子2	因子3	因子4	因子5	因子6	因子7	因子8
J_1	0.510					0.662			

---

①阳翼. 中国独生代消费行为研究［M］. 广州：暨南大学出版社，2008：130.

续上表

原始变量	变量共同性	平方载荷旋转							
		因子1	因子2	因子3	因子4	因子5	因子6	因子7	因子8
J_2	0.689					0.813			
J_3	0.677					0.795			
J_4	0.575					0.688			
J_{15}	0.576						0.695		
J_{16}	0.598						0.718		
J_{17}	0.626						0.696		
J_{18}	0.570						0.699		
T_{28}	0.563				0.716				
T_{29}	0.632				0.777				
T_{30}	0.534				0.715				
T_{31}	0.598				0.746				
Z_{40}	0.619							0.717	
Z_{41}	0.650							0.738	
Z_{42}	0.708							0.782	
D_{46}	0.574	0.680							
D_{47}	0.699	0.776							
D_{48}	0.686	0.771							
D_{49}	0.672	0.758							
D_{50}	0.543	0.669							
R_{52}	0.530								0.618
R_{53}	0.722								0.820
R_{54}	0.768								0.858
M_{62}	0.655		0.740						

续上表

原始变量	变量共同性	平方载荷旋转							
		因子1	因子2	因子3	因子4	因子5	因子6	因子7	因子8
M_{63}	0.741		0.820						
M_{64}	0.788		0.856						
M_{65}	0.673		0.777						
P_{71}	0.656			0.785					
P_{72}	0.667			0.749					
P_{73}	0.610			0.746					
P_{76}	0.560			0.671					
因子名称		地位消费	模仿消费	攀比消费	他人面子	本体性价值观	社会性价值观	自我面子	人情消费
累计方差贡献率/%		10.380	19.721	27.739	35.518	43.274	50.661	57.082	63.450
特征值		3.218	2.896	2.486	2.412	2.404	2.275	2.006	1.974

注:该表中,只显示原始变量的因子载荷系数大于0.4的,小于0.4的没有列出。

5.3 验证性因子分析

5.3.1 常用模型拟合指数

在验证性因子分析中,本研究首先在探索性因子分析结果的基础上建立模型,然后利用 LISREL 8.70 软件进行验证。在验证性因子分析中,常用的模型拟合指数有绝对拟合指数、相对指数和简约指数。一个理想的拟合指数,应该具有三个特征:一是与样本容量无关,即拟合指数不受样本容量的系统影响;二是惩罚复杂的模型,即拟合指数要根据模型参数多寡而作调整,惩罚参数多的模型;三是对误差模型敏感,即如果所拟合的模型参数过多或过少,拟合指数能反映拟合不好。根据理想拟合指数的上述三个特征，学术界普遍认为，NFI、NNFI、GFI、AGFI、IFI、CFI 均大于 0.90，模型与数据的拟合程度很高；对于 RMSEA，一般小于 0.08，Steiger 认为，小于 0.1 表示好的拟合，小于 0.05 表示非常好的拟合，小于 0.01 表示非常出色的拟合；对于卡方与自由度之比，Wheaton 认为，在 5∶1 以内表示模型与数据的拟合是可以接受的，Carmines 和 Mclver 认为，在 3∶1 之内是可以接受的，在 2∶1 之内是理想的。表 5-5 给出了常用模型拟合指数及相应的判别标准。

表 5-5 常用模型拟合指数及判别标准

指标类型	符　号	判别标准
绝对拟合指数	χ^2/df（卡方值/自由度）	<2
	χ^2（Minimum Fit Function Chi-Square，卡方）	越小越好
	RMSEA（Root Mean Square Error of Approximation，近似误差均方根）	<0.05
	GFI（Goodness of Fit Index，拟合优度指数）	>0.90
	AGFI（Adjusted GFI，调整的拟合优度指数）	>0.90
	SRMR（Standardized Root Mean Square Residual，标准化残差均方根）	<0.08
相对指数	NFI（Normed Fit Index，规范拟合指数）	>0.90
	NNFI（Non-Normed Fit Index，不规范拟合指数）	>0.90
	IFI（Incremental Fit Index，增值拟合指数）	>0.90
	CFI（Comparative Fit Index，相对拟合指数）	>0.90
简约指数	PGFI（Parsimony GFI，简约拟合优度指数）	>0.50
	PCFI（Parsimony CFI，简约相对拟合指数）	>0.50

5.3.2　验证性因子分析

1. 样本数据的总体特征

在进行验证性因子分析（CFA）之前，笔者先对农村的 1596 个样本数据的总体特征作分析。本研究中 9 个概念（其中社会比较是调节变量）的所有题目均采用 Likert 7 分量表，共包括 37 个题项（其中社会比较有 6 个），这些题项的描述性统计分析结果如表 5-6 所示，考察的指标主要是均值、标准差和方差。

表 5-6 测量题项的描述性统计表

变量	题 项	均值	标准差	方差
本体性价值观	一个家庭没有男孩是令人遗憾的事	3.68	2.183	4.764
	生儿育女是为了传宗接代	4.19	2.092	4.378
	养儿就是为了防老	3.98	2.027	4.108
	人活着最重要的目标就是养老育小	3.93	2.046	4.186
社会性价值观	金钱使人们的生活变得更幸福	4.27	1.780	3.167
	有物质享乐的生命才有意义	3.95	1.787	3.193
	金钱是最重要的衡量个人价值的标准	3.46	1.913	3.659
	有钱什么都能买到	3.17	2.004	4.015
自我面子	我很看重自己在村里的威望	4.33	1.718	2.951
	我觉得面子很重要	4.58	1.744	3.041
	我很看重自己及家人在村里的面子	4.72	1.677	2.812
他人面子	我愿意帮助别人维护他的面子	4.68	1.685	2.839
	我不做伤害他人面子的事	4.90	1.657	2.745
	我一般不会当众指出别人的错误	4.64	1.697	2.879
	我一般优先照顾别人的面子	4.61	1.648	2.716
地位消费	我对含有地位意义的东西感兴趣	3.69	1.708	2.918
	因为东西含有地位意义，我才买	3.39	1.798	3.234
	如果东西有地位意义，我愿多掏钱买	3.33	1.801	3.242
	东西的地位意义对我很重要	3.42	1.757	3.086
	如果东西能吸引别人的注意，我就更愿意买	3.55	1.820	3.311

续上表

变量	题项	均值	标准差	方差
人情消费	送礼要送得体面，双方都有面子	4.30	1.904	3.626
	送礼是真实表达感情的需要	4.46	1.866	3.481
	送礼是为了增进感情	4.45	1.785	3.185
模仿消费	别人有的东西，我也一定要有	3.12	1.838	3.380
	别人怎么做，我也跟着怎么做	2.97	1.829	3.345
	别人买了啥，我也跟着买啥	2.81	1.791	3.208
	每个人都买了，我也要买	3.03	1.836	3.372
攀比消费	别人过得好，我要比别人过得更好	4.03	1.836	3.370
	邻居盖了新房，我也要盖而且比邻居盖得好	3.72	1.773	3.145
	办事情，我就要超过别人	3.96	1.816	3.297
	别人都这样，自己不能比别人差	4.01	1.800	3.240
向上比较	办红白喜事时，我经常与办得好的家庭比较	3.52	1.814	3.289
	盖房子，我喜欢与村里盖得好的人比较	3.60	1.820	3.313
	送礼时，我经常与送得多的人比较	3.31	1.790	3.204
	当不知道做得怎样时，我有时与做得好的人比较	4.39	1.769	3.129
	当情况变坏时，我会想到情况比我好的人	4.35	1.718	2.950
	我有时与生活中各方面都比我强的人比较	4.30	1.842	3.392

2. 多元正态性检验

结构方程模型（SEM）分析必须建立在一定的统计假设基础上，当统计假设不成立时，SEM 分析的数据就值得怀疑。本研究采用 LISREL 8.70 中的最大似然估计法（Maximum Likelihood, ML）进行估计。最大似然估计法（ML）是 SEM 分析中最常用的估计方法，它要求变量是多元正态分布的。邱皓政和林碧芳认为，在撰写研究报告时，应说明变量的正态性、多变量正态性以及峰度的数据，证明变量的偏态与峰度在合宜的水平，或是没有遗漏与偏离的状况。为了用结构方程模型作验证性因子分析和结构方程模型检验,笔者对1596个农村总样本作变量的正态分布检验,检验结果如表5-7所示。

表5-7 CFA模型观察变量的正态分布检验

变量	题 项	偏度		峰度	
		数值	Z值	数值	Z值
本体性价值观	一个家庭没有男孩是令人遗憾的事	0.224	3.672	-1.299	-10.648
	生儿育女是为了传宗接代	-0.096	-1.574	-1.234	-10.115
	养儿就是为了防老	0.031	0.508	-1.131	-9.271
	人活着最重要的目标就是养老育小	0.010	0.164	-1.168	-9.574
社会性价值观	金钱使人们的生活变得更幸福	-0.161	-2.639	-0.732	-6.000
	有物质享乐的生命才有意义	-0.008	-0.131	-0.778	-6.377
	金钱是最重要的衡量个人价值的标准	0.219	3.590	-1.025	-8.402
	有钱什么都能买到	0.442	7.246	-1.041	-8.533
自我面子	我很看重自己在村里的威望	-0.202	-3.311	-0.642	-5.262
	我觉得面子很重要	-0.333	-5.459	-0.616	-5.049
	我很看重自己及家人在村里的面子	-0.390	-6.393	-0.533	-4.369
他人面子	我愿意帮助别人维护他的面子	-0.349	-5.721	-0.58	-4.754
	我不做伤害他人面子的事	-0.414	-6.787	-0.531	-4.352
	我一般不会当众指出别人的错误	-0.307	-5.033	-0.575	-4.713
	我一般优先照顾别人的面子	-0.285	-4.672	-0.504	-4.131
地位消费	我对含有地位意义的东西感兴趣	0.077	1.262	-0.677	-5.549
	因为东西含有地位意义,我才买	0.297	4.869	-0.791	-6.484
	如果东西有地位意义,我愿多掏钱买	0.286	4.689	-0.839	-6.878
	东西的地位意义对我很重要	0.243	3.984	-0.747	-6.123
	如果东西能吸引别人的注意,我就更愿意买	0.192	3.148	-0.887	-7.271

续上表

变量	题项	偏度 数值	偏度 Z值	峰度 数值	峰度 Z值
人情消费	送礼要送得体面，双方都有面子	-0.206	-3.377	-0.915	-7.500
	送礼是真实表达感情的需要	-0.270	-4.426	-0.859	-7.041
	送礼是为了增进感情	-0.276	-4.525	-0.736	-6.033
模仿消费	别人有的东西，我也一定要有	0.449	7.361	-0.784	-6.426
	别人怎么做，我也跟着怎么做	0.558	9.148	-0.703	-5.762
	别人买了啥，我也跟着买啥	0.705	11.557	-0.477	-3.910
	每个人都买了，我也要买	0.482	7.902	-0.809	-6.631
攀比消费	别人过得好，我要比别人过得更好	-0.027	-0.443	-0.841	-6.893
	邻居盖了新房，我也要盖而且比邻居盖得好	0.103	1.689	-0.749	-6.139
	办事情，我就要超过别人	-0.011	-0.180	-0.817	-6.697
	别人都这样，自己不能比别人差	-0.023	-0.377	-0.817	-6.697

从表5-7中数据来看，31个观察变量的偏度和峰度的Z值的绝对值大部分都大于1.96，表明数据没有通过正态分布检验。但是，不少研究显示，在多数情况下，就算变量（指标）不是正态分布的，ML仍然是合适的，即ML估计是稳健的（robust）。尤其当样本容量未达到数千时，不用ML而改用无须多元正态分布假设的一般加权最小二乘法（Generally Weighted Least Squares，WLS）估计时，所得的估计可能更不合理。一般而言，ML的参数估计，样本数须达到500个，正态分布假设的共变结构分析才能维系。本研究采用了1596个样本，已达到基本要求，且远远大于200，因此会出现非正态被夸大的情况。从偏度和峰度数值来看，31个观察变量的偏度数值均在-1~+1之间，峰度数值均在-3~+3之间，近似符合多元正态分布的标准。因此，可以认为本研究的数据通过多元正态性检验，可以使用ML进行模型估计和结构方程模型分析。

3. 模型的评价

通过探索性因子分析后,笔者得到本体性价值观、社会性价值观、自我面子、他人面子、模仿消费、人情消费、地位消费和攀比消费8个因子,并对样本数据进行了多元正态性检验。随后,笔者对样本2的596个样本数据用LIS-REL 8.70软件来进行验证性因子分析,以确定度量模型的拟合优度。

经过LISREL 8.70软件分析后,得到验证性因子分析(CFA)模型的拟合优度各指标值(表5-8)。从表中可以看出,拟合优度指标的GFI、AGFI、RMSEA、NFI、NNFI、CFI、IFI、RFI均达到模型被确认的标准。这也就说明了模型的拟合优度很好,通过因子分析所得到的8个因子具有一定的可靠性,因此CFA模型不需要修正。

表5-8 模型的拟合优度指标

指标	χ^2/df	RMSEA	PGFI	GFI	AGFI	NFI	NNFI	CFI	IFI	RFI	SRMR
数值	2.15	0.044	0.79	0.91	0.89	0.95	0.97	0.97	0.97	0.94	0.050

5.4 数据的可靠性和有效性分析

通过探索性因子分析后,量表保留了31个题项,获得了8个因子。通过验证性因子分析,说明了模型的拟合优度很好。在运用此量表作结构方程模型分析时,还要考察数据的可靠性和有效性[①],也就是考察量表的信度和效度。

5.4.1 信度分析

信度(reliability)是指测量的可靠程度,它表现为测量结果的一致性、再现性和稳定性。一个测量,不论是多次再测,还是由多人进行测量,其结果都大致相同,这样才能可信。信度包括外部信度和内部信度。外部信度的检验一般用重测信度(test-retest reliability),是在一定时间间隔中运用同一测量方式作重复测量时一致性的指标。内部信度的检验一般用折半信度(split-half reliabili-

---

①数据的可靠性和有效性分析是利用样本2的596个样本数据。

ty）和内部一致性信度。折半信度是对测量项目按奇数项和偶数项或其他标准分成两半，分别记分，以两半分数之间的相关系数作为信度评价指标。内部一致性信度是从测量构思层次化、结构化入手，使测量项目形成一定的内部结构，并以其内在的一致性作为测量信度的指标。最常用的内部一致性信度指标是 Cronbach α 系数，它是营销研究中比较流行且效果较好的信度指标。

对于 Cronbach α 取值多少比较合适，不同学者有不同看法。Cronbach 提出的信度判断标准是 α<0.35 代表低信度，0.35<α<0.70 代表中信度，α>0.70 代表高信度，在实际应用上只要 α≥0.60，即可认为问卷的信度是可以接受的。美国统计学家 Joseph F. Jr. Hair 和 Rolph F. Anderson 等人指出，Cronbach α 值大于 0.70，表明数据可靠性较高，当测项小于 6 个时，Cronbach α 值大于 0.60，表明数据是可靠的。Nunnally 和 Peter 认为，对于探索性研究，Cronbach α 值大于 0.50 时，量表的信度是可以接受的。Peterson 在关于 Cronbach α 值的综述性学术文章中指出，Cronbach α 值大于或等于 0.70 时，量表的信度是可以接受的，在探索性研究中，Cronbach α 值可以小于 0.70，但应大于 0.50[①]。本研究采用 Cronbach α 值至少大于 0.70 的标准。

在进行信度分析时，还可以采用组合信度 ρ_c 来判定构念内各观察变量的一致性，其数值接近构念内各因素载荷系数的平均值。组合信度非常类似于内部一致性系数（Cronbach α）。当组合信度大于 0.70 时，属于比较稳定的测量，但社会科学领域的量表不易达到此水平，因此，Bagozzi 和 Yi 建议 ρ_c 达到 0.60 即可。Raine-Eudy 的研究指出，组合信度达到 0.50，测量工具可获得基本的稳定性[②]。组合信度 ρ_c 的计算公式如下：

$$\rho_c = \frac{(\sum \lambda)^2}{(\sum \lambda)^2 + \sum \theta}$$

其中，ρ_c 为组合信度，λ 为观测变量在潜在变量上的标准化参数，θ 为观测

---

① 潘煜. 影响中国消费者行为的三大因素 [M]. 上海：三联书店，2009：160.
② 邱皓政，林碧芳. 结构方程模型的原理与应用 [M]. 北京：中国轻工业出版社，2009：104.

变量的测量误差。当 ρ_c 大于 0.70 时，构念内各观察变量的一致性好。

通过 SPSS 17.0 的计算，本量表的 Cronbach α 系数为 0.883，量表的折半系数（Guttman Split-half）的值为 0.750，均大于 0.70，比较理想，各因子内部一致性的 Cronbach α 均在 0.70 以上（表 5-9），说明量表的内部信度好。组合信度分析结果见表 5-10，各构念的 ρ_c 均大于 0.70，说明构念内各观察变量的一致性好。由表 5-9 和表 5-10 的结果来看，量表的信度好。

表 5-9　内部一致性分析

因子	Cronbach α	测项数目/个
本体性价值观	0.774	4
社会性价值观	0.732	4
自我面子	0.741	3
他人面子	0.741	4
地位消费	0.843	5
人情消费	0.741	3
模仿消费	0.864	4
攀比消费	0.757	4
社会比较	0.770	6

表 5-10　各题项的标准化系数、测量误差和组合信度一览表

变量	题项	标准化系数	测量误差	组合信度（ρ_c）
本体性价值观	一个家庭没有男孩是令人遗憾的事	0.67	0.55	0.791
	生儿育女是为了传宗接代	0.75	0.43	
	养儿就是为了防老	0.76	0.42	
	人活着最重要的目标就是养老育小	0.60	0.64	
社会性价值观	金钱使人们的生活变得更幸福	0.49	0.76	0.710
	有物质享乐的生命才有意义	0.60	0.63	
	金钱是最重要的衡量个人价值的标准	0.70	0.51	
	有钱什么都能买到	0.67	0.56	

续上表

变量	题项	标准化系数	测量误差	组合信度（ρ_c）
自我面子	我很看重自己在村里的威望	0.67	0.55	0.732
	我觉得面子很重要	0.67	0.55	
	我很看重自己及家人在村里的面子	0.73	0.47	
他人面子	我愿意帮助别人维护他的面子	0.60	0.63	0.713
	我不做伤害他人面子的事	0.70	0.51	
	我一般不会当众指出别人的错误	0.64	0.59	
	我一般优先照顾别人的面子	0.53	0.72	
地位消费	我对含有地位意义的东西感兴趣	0.63	0.60	0.831
	因为东西含有地位意义，我才买	0.74	0.45	
	如果东西有地位意义，我愿多掏钱买	0.79	0.37	
	东西的地位意义对我很重要	0.77	0.41	
	如果东西能吸引别人的注意，我就更愿意买	0.57	0.67	
人情消费	送礼要送得体面，双方都有面子	0.62	0.62	0.767
	送礼是真实表达感情的需要	0.74	0.46	
	送礼是为了增进感情	0.81	0.35	
模仿消费	别人有的东西，我也一定要有	0.76	0.42	0.866
	别人怎么做，我也跟着怎么做	0.80	0.36	
	别人买了啥，我也跟着买啥	0.85	0.28	
	每个人都买了，我也要买	0.73	0.47	
攀比消费	别人过得好，我要比别人过得更好	0.61	0.63	0.703
	邻居盖了新房，我也要盖而且比邻居盖得好	0.67	0.55	
	办事情，我就要超过别人	0.58	0.66	
	别人都这样，自己不能比别人差	0.58	0.67	

5.4.2 效度分析

效度（validity）是指测量工具能够正确测量出所要测量问题的程度。越能正确地抓住目标，这个测量的效度就越高，从而表示所测量的结果越能代表所要测量行为的真正特征（凌文辁，方俐洛）。效度可分为三大类：内容效度、构念效度和效标关联效度。

1. 内容效度（content validity）

内容效度是指测量内容或指标与测量目标之间的适合性和逻辑相符性，是为了判断测量的内容（项目）与测量的目标是否一致。内容效度一般可采用专家意见法来考核，需要由多名专家来判断测量项目与测量的目标在内容上是否相符。笔者在文献研究的基础上结合实地访谈的资料，初步设计了各构念的量表。参考国外量表时，笔者请英语专业的高校教师把它翻译成中文，然后与笔者的翻译进行对比，经过两人的多次校对修改，最后用通俗易懂的语言把它表达出来。初步量表设定好后，将量表多次发送给四位营销学博士（其中两人是副教授职称）和两位社会学博士（其中一人是副教授职称），征求他们的建议，最终确定了初始测量题项。该量表具有一定的内容效度。

2. 构念效度（construct validity）

构念效度是指测量工具是否反映构念的真实含义和内部结构，包括收敛效度和判别效度。

收敛效度（convergent validity）指的是测量同一构念的指标之间相互关联的程度，相互关联的程度越高，其收敛效度越高。收敛效度水平可以由 CFA 模型的拟合指数和因子载荷系数来检验（Mueller）。如果模型的拟合指数表明拟合水平是可以接受的，即理论模型较好地拟合了样本数据，那么研究者就可以进一步通过因子载荷系数来检验其效度。Tabachnica 和 Fidell 提出了表 5-11 所列的因子载荷判断标准①。当载荷小于 0.45 时，该因素解释了不到 20% 的观察变量

---

① 邱皓政，林碧芳. 结构方程模型的原理与应用 [M]. 北京：中国轻工业出版社，2009：101.

变异量,是不理想的状况;当载荷大于 0.63 时,该因素解释了 40% 的观察变量变异量,是非常好的状况;当载荷大于 0.71 时,该因素解释了 50% 的观察变量变异量,是非常理想的状况;一般地,当载荷系数大于 0.45 时是可以接受的(Bentler)。具体来说,判断收敛效度时,从观测变量因子载荷的显著性程度（t 值）来判断,观测变量的因子载荷应达到显著性水平,且其值必须大于 0.45 (Bentler)。

表 5-11 因素载荷的判断标准①

λ	λ^2	状况
0.71	50%	优秀
0.63	40%	非常好
0.55	30%	好
0.45	20%	普通
0.32	10%	不好
0.32 以下		不及格

根据以上方法,笔者在验证性因子分析的基础上,得到了表 5-12 的结果。

表 5-12 CFA 模型的因子载荷与 t 值检验

变量	题项	标准化系数	t 值
本体性价值观	一个家庭没有男孩是令人遗憾的事	0.67***	16.87
	生儿育女是为了传宗接代	0.75***	19.45
	养儿就是为了防老	0.76***	19.69
	人活着最重要的目标就是养老育小	0.60***	14.75
社会性价值观	金钱使人们的生活变得更幸福	0.49***	11.26
	有物质享乐的生命才有意义	0.60***	14.34
	金钱是最重要的衡量个人价值的标准	0.70***	17.09
	有钱什么都能买到	0.67***	16.10

---

① 邱皓政,林碧芳. 结构方程模型的原理与应用 [M]. 北京:中国轻工业出版社,2009:101.

续上表

变量	题项	标准化系数	t 值
自我面子	我很看重自己在村里的威望	0.67***	16.02
	我觉得面子很重要	0.67***	15.89
	我很看重自己及家人在村里的面子	0.73***	17.39
他人面子	我愿意帮助别人维护他的面子	0.60***	14.00
	我不做伤害他人面子的事	0.70***	16.45
	我一般不会当众指出别人的错误	0.64***	14.98
	我一般优先照顾别人的面子	0.53***	12.10
地位消费	我对含有地位意义的东西感兴趣	0.63***	16.19
	因为东西含有地位意义，我才买	0.74***	19.76
	如果东西有地位意义，我愿多掏钱买	0.79***	21.82
	东西的地位意义对我很重要	0.77***	20.95
	如果东西能吸引人的注意，我就更愿意买	0.57***	14.22
人情消费	送礼要送得体面，双方都有面子	0.62***	14.93
	送礼是真实表达感情的需要	0.74***	18.09
	送礼是为了增进感情	0.81***	19.98
模仿消费	别人有的东西，我也一定要有	0.76***	20.97
	别人怎么做，我也跟着怎么做	0.80***	22.49
	别人买了啥，我也跟着买啥	0.85***	24.45
	每个人都买了，我也要买	0.73***	19.75
攀比消费	别人过得好，我要比别人过得更好	0.61***	13.39
	邻居盖了新房，我也要盖而且比邻居盖得好	0.67***	15.67
	办事情，我就要超过别人	0.58***	13.34
	别人都这样，自己不能比别人差	0.58***	13.19

注：*** 表示 $p<0.001$。

根据表5-12 CFA模型的因子载荷与 t 值检验的数据，所有因子载荷的 t 值均大于3.31，表明所有指标在各自对应的构念上的因子载荷量达到 $p<0.001$ 的

显著性水平，且因子载荷在 0.49~0.85 之间，均大于最低值 0.45，除了两个载荷小于 0.55 外，其他均大于 0.55，表明量表具有较好的收敛效度。

判别效度（discriminant validity）指的是测量不同构念的指标之间能够相互区别的程度，它们之间的相关程度不应太高，应呈低相关。判别效度的常见方法有三种：①相关系数的区间估计法，如果两个潜在变量之间的相关系数的 95% 置信区间涵盖了 1，表明构念缺乏判别效度；②平均变异萃取量（ρ_v）比较法，如果两个潜在变量的 ρ_v 平均值大于两个潜在变量的相关系数平方，表明构念具有判别效度；③竞争模式比较法，利用两个 CFA 模型进行竞争比较，一个 CFA 模型是令两个构念之间相关自由估计（效度模型），另一个 CFA 模型则是将相关设为 1.00（完全相关模型），完全相关模型由于少一个有待估计的参数，自由度多 1 个，模型的拟合度也会较低。如果效度模型没有显著地优于完全相关模型，即代表两个构念间缺乏判别效度[①]。本研究主要采用前两种方法来验证判别效度，其中平均变异萃取量可由下面公式计算：

$$\rho_v = \frac{\sum \lambda^2}{\sum \lambda^2 + \sum \theta}$$

其中，ρ_v 为平均变异萃取量，λ 为观测变量在潜在变量上的标准化参数，θ 为观测变量的测量误差。各潜在变量的 ρ_v 见表 5-13。

表 5-13　各题项的标准化系数、测量误差和平均变异萃取量一览表

变量	题　项	标准化系数	测量误差	平均变异萃取量（ρ_v）
本体性价值观	一个家庭没有男孩是令人遗憾的事	0.67	0.55	0.489
	生儿育女是为了传宗接代	0.75	0.43	
	养儿就是为了防老	0.76	0.42	
	人活着最重要的目标就是养老育小	0.60	0.64	

---

① 邱皓政，林碧芳. 结构方程模型的原理与应用 [M]. 北京：中国轻工业出版社，2009：106.

续上表

变量	题 项	标准化系数	测量误差	平均变异萃取量（ρ_v）
社会性价值观	金钱使人们的生活变得更幸福	0.49	0.76	0.385
	有物质享乐的生命才有意义	0.60	0.63	
	金钱是最重要的衡量个人价值的标准	0.70	0.51	
	有钱什么都能买到	0.67	0.56	
自我面子	我很看重自己在村里的威望	0.67	0.55	0.477
	我觉得面子很重要	0.67	0.55	
	我很看重自己及家人在村里的面子	0.73	0.47	
他人面子	我愿意帮助别人维护他的面子	0.60	0.63	0.386
	我不做伤害他人面子的事	0.70	0.51	
	我一般不会当众指出别人的错误	0.64	0.59	
	我一般优先照顾别人的面子	0.53	0.72	
地位消费	我对含有地位意义的东西感兴趣	0.63	0.60	0.499
	因为东西含有地位意义，我才买	0.74	0.45	
	如果东西有地位意义，我愿多掏钱买	0.79	0.37	
	东西的地位意义对我很重要	0.77	0.41	
	如果东西能吸引别人的注意，我就更愿意买	0.57	0.67	
人情消费	送礼要送得体面，双方都有面子	0.62	0.62	0.526
	送礼是真实表达感情的需要	0.74	0.46	
	送礼是为了增进感情	0.81	0.35	
模仿消费	别人有的东西，我也一定要有	0.76	0.42	0.618
	别人怎么做，我也跟着怎么做	0.80	0.36	
	别人买了啥，我也跟着买啥	0.85	0.28	
	每个人都买了，我也要买	0.73	0.47	

续上表

变量	题项	标准化系数	测量误差	平均变异萃取量(ρ_v)
攀比消费	别人过得好，我要比别人过得更好	0.61	0.63	0.374
	邻居盖了新房，我也要盖而且比邻居盖得好	0.67	0.55	
	办事情，我就要超过别人	0.58	0.66	
	别人都这样，自己不能比别人差	0.58	0.66	

根据相关系数的区间估计法和平均变异萃取量比较法，求出了各潜在变量的相关系数的95%的置信区间和两个潜在变量的ρ_v平均值，具体数据见表5-14。

表5-14 各因素判别能力检验摘要表

因素		ξ_1	ξ_2	ξ_3	ξ_4	ξ_5	ξ_6	ξ_7
ξ_2	r	0.45						
	r^2	0.20						
	SE	0.05						
	95%CI	(0.35, 0.55)						
	aveVE	0.44						
ξ_3	r	0.32	0.32					
	r^2	0.10	0.10					
	SE	0.05	0.05					
	95%CI	(0.22, 0.42)	(0.22, 0.42)					
	aveVE	0.48	0.43					

续上表

因素		$\xi1$	$\xi2$	$\xi3$	$\xi4$	$\xi5$	$\xi6$	$\xi7$
$\xi4$	r	0.31	0.19	0.59				
	r^2	0.10	0.04	0.35				
	SE	0.05	0.06	0.04				
	95%CI	(0.21, 0.41)	(0.07, 0.31)	(0.51, 0.67)				
	aveVE	0.44	0.39	0.43				
$\xi5$	r	0.32	0.59	0.31	0.14			
	r^2	0.10	0.35	0.10	0.02			
	SE	0.05	0.04	0.05	0.05			
	95%CI	(0.22, 0.42)	(0.51, 0.67)	(0.21, 0.41)	(0.04, 0.24)			
	aveVE	0.49	0.44	0.49	0.44			
$\xi6$	r	0.35	0.57	0.15	0.02	0.62		
	r^2	0.12	0.32	0.02	0.00	0.38		
	SE	0.04	0.04	0.05	0.05	0.03		
	95%CI	(0.27, 0.43)	(0.49, 0.65)	(0.05, 0.25)	(-0.08, 0.12)	(0.56, 0.68)		
	aveVE	0.55	0.50	0.55	0.50	0.56		
$\xi7$	r	0.36	0.34	0.35	0.39	0.30	0.20	
	r^2	0.13	0.12	0.12	0.15	0.09	0.04	
	SE	0.05	0.05	0.05	0.05	0.05	0.05	
	95%CI	(0.26, 0.46)	(0.24, 0.44)	(0.25, 0.45)	(0.29, 0.49)	(0.20, 0.40)	(0.10, 0.30)	
	aveVE	0.51	0.46	0.50	0.46	0.51	0.57	

续上表

因素		$\xi1$	$\xi2$	$\xi3$	$\xi4$	$\xi5$	$\xi6$	$\xi7$
$\xi8$	r	0.35	0.52	0.40	0.22	0.41	0.48	0.42
	r^2	0.12	0.27	0.16	0.05	0.17	0.23	0.16
	SE	0.05	0.05	0.05	0.06	0.05	0.04	0.05
	95% CI	(0.25, 0.45)	(0.42, 0.62)	(0.30, 0.50)	(0.04, 0.40)	(0.31, 0.51)	(0.40, 0.56)	(0.32, 0.52)
	aveVE	0.43	0.38	0.43	0.38	0.44	0.50	0.45

注1：8个潜在变量$\xi1 \sim \xi8$依次代表本体性价值观、社会性价值观、自我面子、他人面子、地位消费、模仿消费、人情消费和攀比消费。

注2：表中r为潜在变量间的相关系数，r^2为潜在变量相关系数的平方，SE为标准误，95% CI为相关系数的95%的置信区间，aveVE为两个潜在变量的ρ_v平均值。

由表5-14中数据可知，各因素相关系数的95%的置信区间均没有涵盖1.00，可认为潜在变量间相关，具有合理判别效度。根据Fornell和Larker建议的用ρ_v比较法检验两个潜在变量的ρ_v平均值是否大于两个潜在变量的相关系数的平方[1]，由表5-14可以看出各因素两两间ρ_v平均值均大于相关系数的平方，也显示各潜在变量之间具有理想的判别效度。由此可见，从整体上来看，量表的判别效度较好。

3. 效标关联效度

效标关联效度（criterion-related validity）是指将测量的数值与外在独立的效标进行比较来确定其效度，即根据它们的相关系数来检验。效标关联效度包括同时效度（concurrent validity）和预测效度（predictive validity）两种。同时效度是对同一对象，在一个新的测量值与现有的测量值之间求相关性，观察新的测量的有效性。预测效度是在所得的测量值与相隔某段时间后对同一对象所测量

---

[1] 邱皓政，林碧芳. 结构方程模型的原理与应用 [M]. 北京：中国轻工业出版社，2009：141.

的值之间求相关性，以检查以前测量的效度。

为了检验量表的效标关联度，本研究参考了阳翼的方法，设置了一些关于消费者行为的问题来测量同时效度，将因子分析所得的因子值与这些题项的分值作皮尔逊相关分析，得到以下结果。

效标"光宗耀祖对一个人的人生很重要"与"本体性价值观"呈显著正相关（Pearson Correlation = 0.364，$p < 0.01$），也就是说，本体性价值观越强的人，越看重光宗耀祖对自己的意义和价值，从而把自己的理想建立在为祖宗增添荣誉之上。

效标"金钱使人们的生活变得更幸福"与"社会性价值观"呈显著正相关（Pearson Correlation = 0.680，$p < 0.01$），也就是说，社会性价值观越强的人，越觉得金钱重要，认为没有钱的生活不会很幸福，有钱的生活就能很幸福。

效标"送礼时我一般要考虑主人的面子"与"他人面子"呈显著正相关（Pearson Correlation = 0.431，$p < 0.01$），也就是说，越重视他人面子的人，在人情往来中也越会处处为别人着想，照顾别人的面子。

效标"为了面子，我宁愿借钱也要把事情办好"与"自我面子"呈显著正相关（Pearson Correlation = 0.149，$p < 0.01$），也就是说，自我面子越强的人，在生活中就越会表现出比别人强，即使有困难做某件事情，也要借钱去做好该事情，从而保全自己的面子。

效标"地位显赫的人令人羡慕"与"地位消费"呈显著正相关（Pearson Correlation = 0.218，$p < 0.01$），也就是说，越注重地位的人，越羡慕别人的地位，在生活中也就越去购买具有地位意义的产品，从而获取某种地位。

效标"送礼是礼尚往来的需要"与"人情消费"呈显著正相关（Pearson Correlation = 0.306，$p < 0.01$），也就是说，人情观念强的人，在生活中就会到处随礼，借此建立自己的关系网络，也会通过送礼来加强与别人之间的感情。

效标"别人有的东西，我不得不有"与"模仿消费"呈显著正相关（Pearson Correlation = 0.548，$p < 0.01$），也就是说，模仿观念强的人，在生活中喜欢与他人比较，以他人作为参照对象，处处模仿他人的消费行为，他人有的东西，自己也一定要有。

效标"买东西,我就要买比别人好一点的"与"攀比消费"呈显著正相关(Pearson Correlation =0.361,$p<0.01$),也就是说,攀比心理强的人,在生活中喜欢与他人比较,越想超过别人或强于别人的人,就越喜欢攀比消费,购买比别人好的商品,通过攀比消费来显示自己的能力。

从以上的分析来看,量表的效标关联效度较好。比如,越看重自我面子的人,在生活中越重视自己的地位,也就越去购买能显示身份地位的商品,在人情消费中也慷慨大方,送礼送得也多,借此维持和建立双方的关系。这种注重自我面子的人,攀比心理就强,在消费中也就越喜欢攀比消费。

综上所述,本论文所设计的量表具有较好的信度和效度,可用此量表去调查、收集数据,并且可以用调查所得的数据来进行一系列统计分析工作。

5.5 结构方程模型分析

经过探索性因子分析和验证性因子分析及信度、效度检验,发现量表的信度和效度较好,模型的拟合优度也很理想。在此基础上,笔者对1596个样本数据用LISREL 8.70软件进行分析,对概念模型中价值观、面子、地位消费、人情消费、模仿消费和攀比消费各变量间的关系进行结构方程模型检验。

5.5.1 结构方程模型的修饰

笔者根据前面提到的模型拟合的绝对拟合指数、相对指数和简约指数三方面的指标,对结构方程模型进行修正。模型1为原始模型(图5-1),模型2是在模型1基础上修饰的模型,模型3是在模型2基础上修饰的模型。

模型1是基本模型,其拟合指标见表5-15。

表5-15 模型1拟合指标

指标	χ^2/df	RMSEA	SRMR	GFI	AGFI	NFI	CFI	PGFI	IFI	PNFI
数值	6.19	0.057	0.07	0.91	0.89	0.95	0.96	0.76	0.96	0.85

从表5-15中可以发现,模型1的χ^2/df的值较大,RMSEA大于0.05,表明假设模型与数据之间的拟合程度不够理想,该模型有待进一步改进。根据修

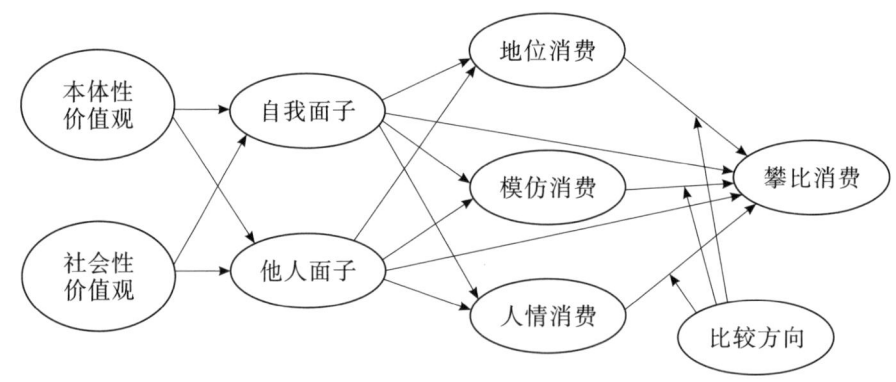

图 5-1 模型 1 结构图

正指数,发现地位消费对人情消费和模仿消费都有影响,深度访谈(个案 1、个案 2、个案 3、个案 8、个案 11、个案 15、个案 21、个案 22 等)的结果显示人情消费和模仿消费受到地位消费的影响,为此,模型 2 在模型 1 基础上增加了地位消费对人情消费和模仿消费的影响,模型 2 如图 5-2 所示。修正模型后,地位消费→人情消费的路径系数为 0.13(t 值为 4.22,$p < 0.001$),地位消费→模仿消费的路径系数为 0.68(t 值为 16.59,$p < 0.001$)。模型 2 的拟合优度有所增加,其拟合指标见表 5-16。

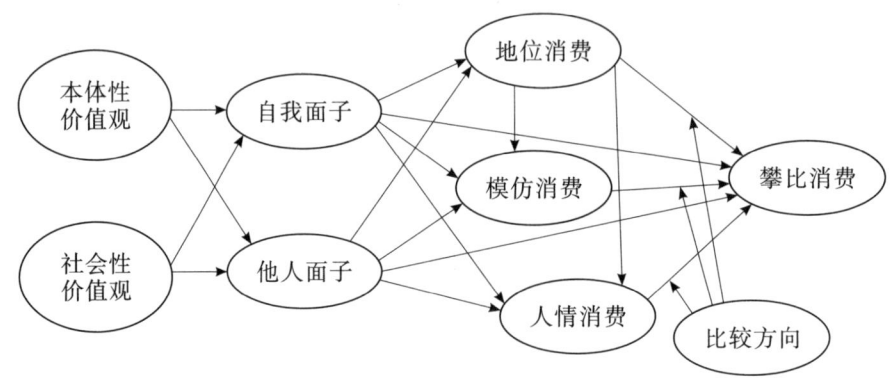

图 5-2 模型 2 结构图

表 5 – 16　模型 2 拟合指标

指标	χ^2/df	RMSEA	SRMR	GFI	AGFI	NFI	CFI	PGFI	IFI	PNFI
数值	4.65	0.048	0.08	0.93	0.91	0.96	0.97	0.78	0.96	0.85

从表 5 – 16 中可以看出，在模型 2 中，χ^2/df 的值较大，SRMR 为 0.08，模型 2 还需要进行修正。模型 2 分析结果的修正指数显示，社会性价值观对地位消费、人情消费、模仿消费和攀比消费都有影响，为此，在模型 2 的基础上做相应的修正。模型 3 在模型 2 的基础上增加了社会性价值观对地位消费、人情消费、模仿消费和攀比消费的影响，模型 3 如图 5 – 3 所示。修正模型后，社会性价值观→地位消费的路径系数为 0.66（t 值为 12.94，$p<0.001$），社会性价值观→人情消费的路径系数为 0.14（t 值为 3.04，$p<0.01$），社会性价值观→模仿消费的路径系数为 0.25（t 值为 4.86，$p<0.001$），社会性价值观→攀比消费的路径系数为 0.15（t 值为 2.98，$p<0.01$）。模型 3 的拟合优度有所增加，其拟合指标见表 5 – 17。

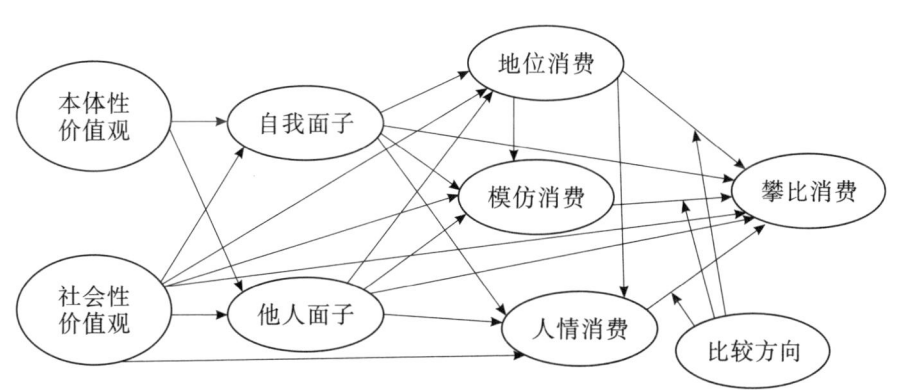

图 5 – 3　模型 3 结构图

表 5 – 17　模型 3 拟合指标

指标	χ^2/df	RMSEA	SRMR	GFI	AGFI	NFI	CFI	PGFI	IFI	PNFI
数值	3.72	0.041	0.054	0.94	0.93	0.96	0.97	0.78	0.97	0.85

从表 5-17 中可以看出，模型 3 的拟合指标除了 χ^2/df 的值大于 2 外[①]，其他各项拟合指标都在规定的范围内，表明模型 3 不需要进一步修正。模型修正过程中拟合指标比较如表 5-18 所示。

表 5-18　模型修正过程拟合指标比较表

拟合指标	判断标准	模型 1	模型 2	模型 3
χ^2/df	<2	6.19	4.65	3.72
χ^2	越小越好（$p>0.05$）	2587.97	1933.73	1531.38
RMSEA	<0.05	0.057	0.048	0.041
SRMR	<0.08	0.07	0.08	0.054
GFI	>0.90	0.91	0.93	0.94
AGFI	>0.90	0.89	0.91	0.93
NFI	>0.90	0.95	0.96	0.96
NNFI	>0.90	0.95	0.96	0.97
IFI	>0.90	0.96	0.96	0.97
CFI	>0.90	0.96	0.97	0.97
PNFI	>0.50	0.85	0.85	0.85
PGFI	>0.50	0.76	0.78	0.78

在模型修正过程中，除了对以上三个模型的拟合指标进行比较，笔者还对每个模型的卡方和自由度变化进行模型间的比较。表 5-19 列出了由模型的改变引起的自由度及卡方值的变动以及相应的显著水平，通过与卡方检验相应临界值进行比较，可以检验模型之间的显著性差异程度。

[①] 刘军认为，χ^2/df 的值为 2~5，模型是可以接受的，根据他的观点，该模型的 χ^2/df 的值为 3.72，是可以接受的。

表 5-19　模型修正后的显著性检验

度量模型	χ^2	df	对比模型	$\Delta\chi^2_{df}$
模型 1	2587.97	418		
模型 2	1933.73	416	模型 1	$\Delta\chi^2_{df=2}=654.24$（$p<0.005$）
模型 3	1531.38	412	模型 2	$\Delta\chi^2_{df=4}=402.35$（$p<0.005$）

从表 5-19 中也可发现，模型 2 的自由度比模型 1 少了 2，卡方值减少了 654.24，大于 $\alpha=0.005$ 时卡方 χ^2 的临界值 10.597，因此模型 2 与模型 1 相比具有显著差异；模型 3 的自由度比模型 2 少了 4，卡方值减少了 402.35，大于 $\alpha=0.005$ 时卡方 χ^2 的临界值 14.86，因此模型 3 与模型 2 相比具有显著差异。

修正后，我们可以看出，在这三个模型中，模型 3 的拟合指标相对于其他模型来说是最理想的。总体来说，模型 3 的拟合优度最好。

5.5.2　总体样本结构方程模型分析

模型修饰后，以模型 3 为总体样本结构模型，其拟合指标见表 5-20。由该表可知，RMSEA 为 0.041，CFI 为 0.97，IFI 为 0.97，各项指标符合标准，表明研究模型比较理想。

表 5-20　总体样本结构模型拟合指标

指标	χ^2/df	RMSEA	SRMR	GFI	AGFI	NFI	CFI	PGFI	IFI	PNFI
数值	3.72	0.041	0.054	0.94	0.93	0.96	0.97	0.78	0.97	0.85

在第 3 章中，笔者根据面子磋商理论、社会认同理论和社会比较理论构建了理论模型，利用 LISREL 8.70 对该理论模型进行结构方程验证，并逐步对模型进行调整和修饰，得到总体样本最终结构模型，即模型 3，其因果关系如图 5-4 所示。

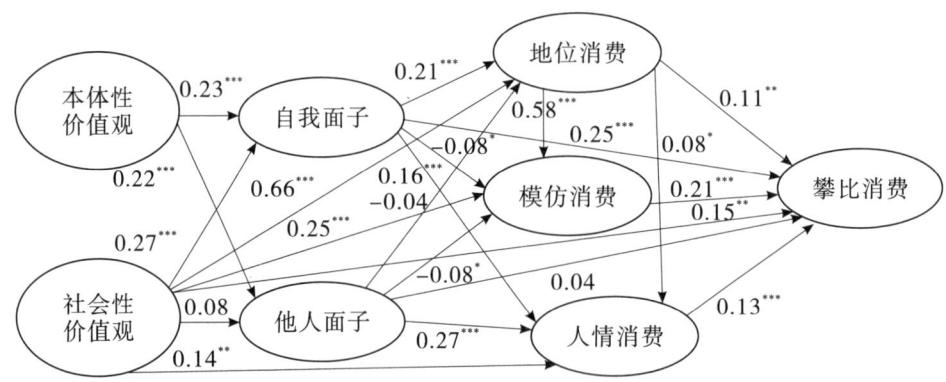

图 5-4 总体样本模型结构图

注：*** 表示 $p<0.001$，** 表示 $p<0.01$，* 表示 $p<0.05$。

根据图 5-4，本研究中的相关假设及其检验结果如表 5-21 所示。

表 5-21 总体样本结构方程模型假设检验结果

路径关系	回归系数	标准化系数	t 值	显著水平	结论
H1a：本体性价值观→自我面子	0.23***	0.21***	5.50	$p<0.001$	支持
H1b：本体性价值观→他人面子	0.22***	0.21***	5.20	$p<0.001$	支持
H2a：社会性价值观→自我面子	0.27***	0.22***	5.53	$p<0.001$	支持
H2b：社会性价值观→他人面子	0.08	0.07	1.84	$p>0.05$	不支持
H3a：自我面子→地位消费	0.21***	0.21***	6.68	$p<0.001$	支持
H3b：他人面子→地位消费	-0.04	-0.04	-1.34	$p>0.05$	不支持
H4a：自我面子→模仿消费	-0.08*	-0.07*	-2.24	$p<0.05$	不支持
H4b：他人面子→模仿消费	-0.08*	-0.07*	-2.49	$p<0.05$	支持
H5：自我面子→攀比消费	0.25***	0.25***	7.19	$p<0.001$	支持
H6：他人面子→攀比消费	0.04	0.04	1.29	$p>0.05$	不支持
H7：自我面子→人情消费	0.16***	0.18***	5.13	$p<0.001$	支持
H8：他人面子→人情消费	0.27***	0.29***	8.35	$p<0.001$	支持
H9：地位消费→攀比消费	0.11**	0.12**	2.62	$p<0.01$	支持

续上表

路径关系	回归系数	标准化系数	t值	显著水平	结论
H10：模仿消费→攀比消费	0.21***	0.24***	6.34	$p<0.001$	支持
H11：人情消费→攀比消费	0.13***	0.12***	3.48	$p<0.001$	支持
地位消费→模仿消费	0.58***	0.52***	13.08	$p<0.001$	
地位消费→人情消费	0.08*	0.10*	2.38	$p<0.05$	
社会性价值观→地位消费	0.66***	0.53***	12.94	$p<0.001$	
社会性价值观→模仿消费	0.25***	0.18***	4.86	$p<0.001$	
社会性价值观→人情消费	0.14**	0.13**	3.04	$p<0.01$	
社会性价值观→攀比消费	0.15**	0.12**	2.98	$p<0.01$	

注：* 表示 $p<0.05$，** 表示 $p<0.01$，*** 表示 $p<0.001$。

由 LISREL 8.70 软件分析的结果来看，各影响因素对攀比消费的标准化总影响和间接影响分别如表 5-22 和表 5-23 所示。

表 5-22 标准化总影响表

	本体性价值观	社会性价值观	自我面子	他人面子	地位消费	模仿消费	人情消费
自我面子	0.21*** (5.50)	0.22*** (5.53)					
他人面子	0.21*** (5.20)	0.07 (1.84)					
地位消费	0.04** (3.06)	0.57*** (13.78)	0.21*** (6.68)	-0.04 (-1.34)			
模仿消费	-0.01 (-0.97)	0.46*** (12.30)	0.04 (1.29)	-0.09** (-2.91)	0.52*** (13.08)		

续上表

	本体性价值观	社会性价值观	自我面子	他人面子	地位消费	模仿消费	人情消费
人情消费	0.10*** (5.93)	0.25*** (6.82)	0.20*** (5.80)	0.29*** (8.26)	0.10* (2.38)		
攀比消费	0.08*** (4.91)	0.39*** (10.00)	0.31*** (8.70)	0.05 (1.63)	0.25*** (6.18)	0.24*** (6.34)	0.12*** (3.48)

注：上表中括号里的数字为 t 值；* 表示 $p<0.05$，** 表示 $p<0.01$，*** 表示 $p<0.001$。

表 5-23　标准化间接影响表

	本体性价值观	社会性价值观	自我面子	他人面子	地位消费	模仿消费	人情消费
自我面子							
他人面子							
地位消费	0.04** (3.06)	0.04*** (4.31)					
模仿消费	-0.01 (-0.97)	0.27*** (10.01)	0.11*** (6.03)	-0.02 (-1.34)			
人情消费	0.10*** (5.93)	0.12*** (4.25)	0.02* (2.27)	0.00 (-1.13)			
攀比消费	0.08*** (4.91)	0.26*** (8.59)	0.06*** (3.89)	0.01 (0.67)	0.14*** (6.04)		

注：上表中括号里的数字为 t 值；* 表示 $p<0.05$，** 表示 $p<0.01$，*** 表示 $p<0.001$。

5.5.3　对模型结果的分析

从图 5-4 总体样本模型结构图、表 5-22 标准化总影响表和表 5-23 标准化间接影响表中，笔者得出以下结论。

（1）本体性价值观对自我面子和他人面子都有显著的正向影响（标准化系数均为 0.21，p 值均小于 0.001），即农民的本体性价值观占主导地位时，他们在日常生活中既看重自我面子，也重视他人面子，这样既维系着村民之间和睦友好的关系，也维系了农村社区的和谐稳定和发展，支持了假设 H1a 和 H1b。

（2）社会性价值观对自我面子有显著的正向影响（标准化系数为 0.22，p 值小于 0.001），对他人面子的影响不显著（标准化系数为 0.07，p 值大于 0.05），即社会性价值观越强的农民在日常生活和消费中越看重自己的面子，处处为自我面子着想，而不在乎他人的面子，支持了假设 H2a，没有支持假设 H2b。

（3）社会性价值观对农民的地位消费、模仿消费、人情消费和攀比消费都有显著的正向影响（标准化系数分别为 0.53、0.18、0.13 和 0.12，p 值分别小于 0.001、0.001、0.01 和 0.01），即社会性价值观越强的农民在日常生活和消费中越重视自己的社会地位，越喜欢模仿消费，越在意人情消费，越去攀比消费，通过地位消费来维护自己在村民中的形象，通过模仿消费来追求一种社会认同感，通过人情消费来构建自己的社会网络，通过攀比消费来展现自己的经济实力和能力。

（4）自我面子对地位消费有显著的正向影响（标准化系数为 0.21，p 值小于 0.001），也就是说，自我面子越强的农民在日常生活和消费中越重视自己的社会地位，也希望通过地位消费来维护或获得一定的自我面子，支持了假设 H3a。

（5）自我面子对模仿消费有显著的负向影响（标准化系数为 -0.07，p 值小于 0.05），也就是说，自我面子越强的农民在日常生活和消费中越不愿模仿别人的消费行为，害怕别人说自己没有主见，什么事都跟在别人后面，从而丢失自我面子，没有支持假设 H4a。

（6）自我面子对人情消费有显著的正向影响（标准化系数为 0.18，p 值小于 0.001），也就是说，自我面子越强的农民在日常生活和消费中越注重人情往来，通过人情消费来扩大自己的社会网络，继而提高自己在社会网络中的地位和增加面子，支持了假设 H7。

（7）自我面子对攀比消费有显著的正向影响（标准化系数为 0.25，p 值小于 0.001），即自我面子越强的农民在日常生活和消费中越喜欢攀比消费，通过不断地攀比消费来维护和提升自我面子，维护自己在村民中的形象和影响力，支持了假设 H5。

（8）他人面子对地位消费的影响不显著（标准化系数为 -0.04，p 值大于 0.05），即看重他人面子而不注重自我面子的农民在日常生活和消费中很少为照顾他人面子而去追求地位消费，没有支持假设 H3b。

（9）他人面子对模仿消费有显著的负向影响（标准化系数为 -0.07，p 值小于 0.05），也就是说，他人面子越强的农民在日常生活和消费中越不愿模仿别人，害怕别人在背后议论自己，说自己没有骨气，喜欢拍马屁，支持了假设 H4b。

（10）他人面子对人情消费有显著的正向影响（标准化系数为 0.29，p 值小于 0.001），也就是说，他人面子越强的农民在日常生活和消费中越注重与他人的友谊，珍惜与别人的感情，在人情交往中时时照顾别人的面子，在人情消费中喜欢送大礼，支持了假设 H8。

（11）他人面子对攀比消费的影响不显著（标准化系数为 0.04，p 值大于 0.05），即他人面子强的农民在日常生活和消费中很少为他人面子去攀比消费，没有支持假设 H6。

（12）地位消费对攀比消费有显著的正向影响（标准化系数为 0.12，p 值小于 0.01），即地位意识越强的农民在日常的消费中越追求社会地位，通过地位消费来显示自己地位的高低，越追求地位消费的人越想通过攀比消费来拔高自己的社会地位，制造一种高地位假象，支持了假设 H9。

（13）模仿消费对攀比消费有显著的正向影响（标准化系数为 0.24，p 值小于 0.001），即模仿意识越强的农民在日常生活和消费中越喜欢去模仿别人的消费行为，但是模仿别人影响自我面子，为了自我面子，农民希望在模仿中有所超越，给人一种我不是模仿你而是超过你的感觉。因此，在消费中农民不仅仅是模仿消费，而是在模仿消费中去攀比消费，通过不断的攀比消费来扩大与被模仿人的差异，从而维护自己在村民中的面子，支持了假设 H10。

(14) 人情消费对攀比消费有显著的正向影响（标准化系数为 0.12，p 值小于 0.001），由于自我面子和他人面子都对人情消费有显著的正向影响，因此，在面子观念的作用下，农民有意识地在人情消费中去攀比，通过攀比消费来维护和提升自我面子，同时也照顾了主人的面子，支持了假设 H11。

(15) 地位消费对模仿消费和人情消费有显著的正向影响（标准化系数分别为 0.52 和 0.10，p 值分别小于 0.001 和 0.05），也就是说越注重地位消费的农民在追求社会地位中，越自觉或不自觉地去模仿别人，通过模仿来提高自己的社会地位；越注重地位消费的农民在人情交往中，越喜欢通过礼金来彰显自己的能力，通过高额的人情消费来树立自己的社会地位，特别是向村干部或有一定社会地位的人送礼时，更是想通过高额的礼金来建立一种社会关系，从而提高自己在村民中的社会地位。

(16) 从表 5-22 和表 5-23 来看，本体性价值观对地位消费、人情消费和攀比消费有间接效应，且影响显著（标准化系数分别为 0.04、0.10 和 0.08，p 值分别小于 0.01、0.001 和 0.001），对模仿消费的间接效应不显著（标准化系数为 -0.01，p 值大于 0.05），也就表明，农民的本体性价值观通过其他方式间接影响着人们的地位消费、人情消费和攀比消费。而社会性价值观对地位消费、人情消费、模仿消费和攀比消费既有直接效应也有间接效应，且直接效应和间接效应都显著（直接效应的标准化系数分别为 0.53、0.18、0.13 和 0.12，p 值分别小于 0.001、0.001、0.01 和 0.01；间接效应的标准化系数分别为 0.04、0.27、0.12 和 0.26，p 值均小于 0.001），也就意味着，社会性价值观一方面直接影响地位消费、人情消费、模仿消费和攀比消费，另一方面也间接影响地位消费、人情消费、模仿消费和攀比消费。相对于本体性价值观，社会性价值观对地位消费、人情消费、模仿消费和攀比消费的影响更大。

(17) 自我面子对人情消费、模仿消费和攀比消费既有直接效应也有间接效应，且都显著（直接效应的标准化系数分别为 0.18、-0.07 和 0.25，p 值分别小于 0.001、0.05 和 0.001；间接效应的标准化系数分别为 0.02、0.11 和 0.06，p 值分别小于 0.05、0.001 和 0.001），也就表明，自我面子一方面直接影响人情消费、模仿消费和攀比消费，另一方面也间接影响人情消费、模仿消费和攀比消费。

（18）他人面子对人情消费、模仿消费和攀比消费的间接效应都不显著（间接效应的标准化系数分别为 -0.02、0.00 和 0.01，p 值均大于 0.05），这表明，他人面子对人情消费、模仿消费和攀比消费都没有间接影响。

（19）地位消费对攀比消费既有直接影响也有间接影响，且都显著（直接效应的标准化系数为 0.12，p 值小于 0.01；间接效应的标准化系数为 0.14，p 值小于 0.001），即地位消费一方面直接影响攀比消费，另一方面也间接影响攀比消费。

综上所述，农民的本体性价值观影响农民的自我面子和他人面子，社会性价值观只影响农民的自我面子。自我面子一方面影响地位消费、模仿消费和人情消费，另一方面又影响攀比消费。地位消费显著影响着模仿消费和人情消费。地位消费、模仿消费和人情消费都显著影响攀比消费。与此同时，本体性价值观、社会性价值观、自我面子和地位消费对攀比消费均具有显著的间接效应，它们的标准化间接效应估计值依次为 0.08（$p<0.001$）、0.26（$p<0.001$）、0.06（$p<0.001$）和 0.14（$p<0.001$）。以上表明，在农村这些因素都在不同程度地影响着农民的攀比消费，其中自我面子、地位消费和社会性价值观既直接影响农民攀比消费，也间接影响农民攀比消费，这些因素的共同作用导致现阶段农村居民热衷于攀比消费。这也说明了社会因素、文化因素和心理因素等多种因素共同影响了农村居民的攀比消费。

5.6　社会比较的调节效应分析

在日常生活中，农民习惯与别人比较，通过比较来发现自己与别人的差距，一旦发现自己比别人差，可能心理就不平衡。根据社会比较理论，人们有向上比较的动机，在比较中产生失落感、消极情绪，人们会寻求方法来调节自己。在农村，攀比消费就是人们调节消极情绪的一种有效方法。本节主要研究农村居民在攀比消费过程中社会比较的调节效应，也就是说，农村居民在地位消费、人情消费和模仿消费中，不同的比较方向是否会造成攀比消费的差异性，如图 5-5 所示。

本研究共收集农村居民有效样本 1596 份，依据 Frederick X. Gibbons 和 Bram

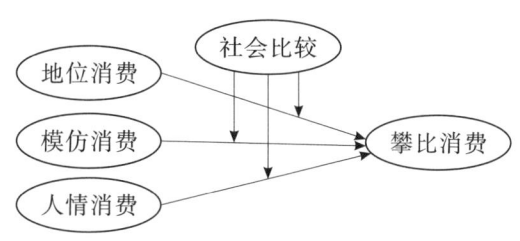

图 5-5 社会比较调节效应图

P. Buunk 在研究社会比较中的建议，本研究把社会比较 6 个题项的得分求平均分。由于本研究主要考察向上比较和向下比较的调节效应，因此，根据平均分把社会比较分成两组，即向上比较组和向下比较组，平均分大于等于 4 的样本属于向上比较组，平均分小于 4 的样本属于向下比较组，以此标准划分，向上比较组有 796 个样本，向下比较组有 800 个样本。鉴于两个组的样本数基本一致，本研究采用温忠麟、侯杰泰、张雷介绍的方法来验证社会比较的调节效应。他们认为，当调节变量是类别变量、自变量是潜变量时，做分组结构方程模型分析来研究调节效应。具体就是，第一步，将两组的结构方程回归系数设置为相等，得到一个 χ_1^2 值和自由度 df_1；第二步，将两组的结构方程回归系数设置为不相等，重新估计模型，得到一个 χ_2^2 值和自由度 df_2；第三步，用 χ_1^2 减去 χ_2^2 得到 $\Delta\chi^2$，用 df_1 减去 df_2，得到 Δdf，如果 $\Delta\chi^2$ 检验结果是统计显著的，则调节效应显著[①]。

根据以上方法，得到相关模型数据（表 5-24）。

表 5-24 社会比较分组假设检验结果

模型	χ^2 值	df	RMSEA	NFI	CFI	IFI	PNFI	GFI	NNFI
向上比较模型	1080.01	412	0.045	0.95	0.97	0.97	0.84	0.92	0.96
向下比较模型	970.16	412	0.041	0.93	0.96	0.96	0.82	0.93	0.95
回归系数相等	2085.96	847	0.043	0.94	0.96	0.96	0.85	0.93	0.96
回归系数不等	2050.17	824	0.043	0.94	0.96	0.96	0.83	0.93	0.96

---

① 温忠麟，侯杰泰，张雷. 调节效应与中介效应的比较和应用 [J]. 心理学报，2005 (2)：268-274.

从表 5-24 中我们可以发现，向上比较组和向下比较组的模型都具有良好的拟合度，回归系数相等的模型和回归系数不相等的模型的拟合度也都比较好。回归系数相等时模型的 $\chi_1^2 = 2085.96$，$df_1 = 847$，回归系数不等时模型的 $\chi_2^2 = 2050.17$，$df_2 = 824$，由此可得 $\Delta\chi^2 = \chi_1^2 - \chi_2^2 = 35.79$，$\Delta df = df_1 - df_2 = 23$，查表得到 $df = 23$，$p = 0.05$，$\chi^2 = 35.172$，$\Delta\chi^2 = 35.79$ 大于 35.172，因而 $p < 0.05$，$\Delta\chi^2$ 检验结果是统计显著的，说明社会比较的调节效应显著。

为了进一步确定社会比较的调节效应在地位消费、人情消费和模仿消费三个方面的显著水平，笔者通过表 5-25 来验证。

表 5-25　不同比较方向样本模型的路径分析结果

假设和路径关系	回归系数	标准化系数	标准误	t 值	显著水平	社会比较
模仿消费→攀比消费	0.16	0.20	0.04	3.77	$p < 0.001$	向上比较
人情消费→攀比消费	0.16	0.16	0.05	3.14	$p < 0.01$	
地位消费→攀比消费	0.01	0.02	0.05	0.25	$p > 0.05$	
模仿消费→攀比消费	0.16	0.18	0.05	3.07	$p < 0.01$	向下比较
人情消费→攀比消费	0.03	0.03	0.06	0.53	$p > 0.05$	
地位消费→攀比消费	0.19	0.18	0.07	2.59	$p < 0.05$	

从表 5-25 中我们可以看出，在向上比较时，地位消费对攀比消费的影响是不显著的，而在向下比较时，地位消费对攀比消费的影响是显著的，由此可见，在地位消费对攀比消费的影响过程中，社会比较的调节效应显著。在向上比较时，人情消费对攀比消费的影响是显著的，而在向下比较时，人情消费对攀比消费的影响是不显著的，由此可见，在人情消费对攀比消费的影响过程中，社会比较的调节效应显著。在向上比较时，模仿消费对攀比消费的影响是显著的，而在向下比较时，模仿消费对攀比消费的影响也是显著的。为了验证模仿消费对攀比消费的影响过程中社会比较的调节效应是否存在，笔者将向上比较组设为样本 1，将向下比较组设为样本 2，用以下公式来验证。

第 5 章　数据分析

$$T = \frac{\chi_1 - \chi_2}{\sqrt{\frac{(n_1-1)s_1^2 + (n_2-1)s_2^2}{n_1+n_2-2}\left(\frac{1}{n_1}+\frac{1}{n_2}\right)}}$$

其中，n_1 表示向上比较组样本数，n_2 表示向下比较组样本数；χ_1 表示向上比较组结构模型的标准化系数，χ_2 表示向下比较组结构模型的标准化系数；s_1、s_2 分别表示向上比较组和向下比较组结构模型路径分析的标准误。将表 5-25 中路径分析结果的数值代入上述统计量，$\chi_1 = 0.20$，$\chi_2 = 0.18$，$n_1 = 796$，$n_2 = 800$，$s_1 = 0.04$，$s_2 = 0.05$，经过计算可得 $t = 8.821$，由于 8.821 大于临界值 3.291，因而 $p < 0.001$。因此，在模仿消费对攀比消费的影响过程中，向上比较与向下比较之间存在显著差异。具体来说，向上比较时模仿消费对攀比消费的影响比向下比较时更强，也就是说，在模仿消费对攀比消费的影响中，社会比较的调节效应是显著的。

总体来看，在地位消费、人情消费和模仿消费对攀比消费的影响中，社会比较的调节效应显著。相对于向下比较，向上比较时人情消费和模仿消费对攀比消费的影响更强；相对于向上比较，向下比较时地位消费对攀比消费的影响更明显。

5.7　人口统计变量对攀比消费的影响分析

本节主要利用 1596 个农村样本来研究人口统计变量对攀比消费的影响，也就是研究农村居民的攀比消费是否受到性别、年龄、家庭年收入、职业等人口统计变量的影响，并对不同组别存在的显著差异性进行分析，探讨这些差异产生的原因。

一般而言，作两个均值和多个均值的比较可以分别采用 t 检验和方差分析的 F 检验。两个独立样本均值的 t 检验可以用单因素方差分析（One-way ANOVA）代替，因此本研究涉及的均值比较均采用单因素方差统计分析技术。

在作方差分析时，根据统计学的要求，必须先符合两个条件，即因变量服从正态分布和各组方差齐性（homogeneity of variance）。因此，在作方差分析前应先检验因变量的正态性和方差齐性。由于在作探索性因子分析时，攀比消费因子已经过正态化和标准化，其正态性不用再检验，只需要检验方差齐性。

1. 性别对攀比消费的影响分析

性别不同，人们的消费行为也有差异，为了比较男性和女性在攀比消费上的差异性，在方差分析前需要作方差齐性检验。经检验发现，攀比消费的 $p = 0.044 < 0.05$，表示没有通过方差齐性检验（表5-26），说明方差不齐。在方差不齐的情况下，采用比较稳健估计方法 Brown-Forsythe 检验来分析性别对攀比消费的影响差异性。从表5-27中可以发现，$p = 0.035 < 0.05$，表明性别不同的消费者在攀比消费上存在差异性。再从表5-28中发现，男性在攀比消费上的平均值比女性高。

表5-26 性别影响下的攀比消费的方差齐性检验

Levene Statistic	df_1	df_2	Sig.
4.047	1	1594	0.044

表5-27 性别不同消费者的平均相等性检验（Robust Tests of Equality of Means）

Brown-Forsythe	df_1	df_2	Sig.
4.450	1	1459.264	0.035

表5-28 男性和女性攀比消费均值比较

性别	均值	标准差	人数/人
男性	0.044	1.023	941
女性	-0.063	0.963	655
总体	0.00	1.000	1596

男性和女性在攀比消费上的差异性是很好解释的。在中国社会，尤其是中国农村社会，男性的地位一般比女性高，这与传统的"男女有别""男主外女主内"等观念密切相关。在当今农村社会里，男人是家中的顶梁柱，是家中主要经济来源者，既要赡养父母，也要抚养子女，多数家庭中，成家后男人在外打工赚钱养家，女人在家照顾小孩和父母。对于困难的家庭，人们普遍认为是该

家的男人没有本事，不会挣钱。一般来说，男人无论是在家庭中还是在社会上承担的责任和压力都比女人大，男人在村庄中的地位和尊严也决定了该家庭在村庄中的地位和尊严，因而，男性比女性有更强的成就动机。如果在家庭中男人的地位比女人低，那么人们私下就会说该男人怕老婆，有"妻管严"，男人的自尊心或面子就会受到伤害，这时，男人的面子意识就更强，其攀比的欲望也更加强烈。在消费中，男性比女性更爱面子。在各种压力下，农村中男人比女人更希望通过攀比消费来表现自己的成功，获取大家的认同。

2. 年龄对攀比消费的影响分析

生活在不同年代的人，其消费观念有所差异。为了验证年龄对攀比消费的影响，在方差分析前需要作方差齐性检验，经检验发现，攀比消费的 $p = 0.423 > 0.05$ 时，表示通过了方差齐性检验（表 5 – 29）。

表 5 – 29　年龄影响下的攀比消费的方差齐性检验

Levene statistic	df_1	df_2	Sig.
0.988	5	1590	0.423

通过方差分析发现，不同年龄段的农民在攀比消费上的 $p = 0.009 < 0.05$，表明年龄对攀比消费的影响有显著性差异（表 5 – 30）。

表 5 – 30　年龄与攀比消费的 ANOVA 表

	Sum of Squares	df	Mean square	F	Sig.
Between Groups	15.428	5	3.086	3.106	0.009
Within Groups	1579.572	1590	0.993		
Total	1595.000	1595			

表 5 – 31　不同年龄段攀比消费均值比较

年龄	均值	标准差	人数/人
20 岁及以下	0.042	0.974	132
21 ~ 30 岁	0.109	0.988	532

续上表

年龄	均值	标准差	人数/人
31~40 岁	-0.035	1.016	513
41~50 岁	-0.116	0.927	225
51~60 岁	-0.154	1.135	96
60 岁及以上	0.052	0.981	98
总体	0.00	1.000	1596

从表 5-31 中发现,年龄在 21~30 岁的农民在攀比消费上的平均值最高,60 岁及以上的人平均值次高,年龄在 51~60 岁的农民在攀比消费上的平均值最低。这种差异性也比较好解释:年龄在 21~30 岁的人,他们一般长年在城市打工,接受新事物、新观念的能力较强,深受城市居民消费行为和现代消费观念的影响,羡慕城市人的生活,在生活中模仿城市人的消费行为。阳翼研究发现,这个年龄段的女性属于享乐型的较多,希望有一个良好的情感归属,找一个家境不错的丈夫,注重物质和精神的享受;这个年龄段的男性则属于成就型的较多,非常注意自己在他人眼中的形象,渴望成功,向往城市生活,希望通过努力改变自己的经济和社会地位,希望通过消费来缩小自己与城市人的差距。由此,我们可以发现,这个年龄段的人以物质利益为导向,享受生活,对地位的向往和在精神、物质上的过多追求,使他们在地位消费和模仿消费上比其他年龄段的人表现得更加强烈,他们想通过攀比消费来改变自己的现状,实现自己的人生价值。

年龄在 51~60 岁的农村居民相对 20~30 岁的农村居民来说属于比较传统的一代,他们基本上实现了"生儿子、为儿子盖房子和为儿子娶妻子"的目标,在"三位一体"的面子竞争中保全了面子或取得了最大的面子。他们在完成基本任务后就慢慢退出农村面子竞争的范围,物美价廉是他们购物的主要标准,不注重商品的象征性价值,在地位消费、模仿消费上也表现冷淡,因而他们攀比消费的平均值相对最低。

年龄在 60 岁及以上的农村居民属于传统一代的人，他们中的绝大多数人比较世故，很注重亲情和友情，注重受他人尊重和人情往来，在日常生活中遵照"相互尊重"和"礼尚往来"的原则。他们在人情消费上比其他阶段的人表现得更加积极，送礼送少了觉得情面上过意不去，这在某种程度上使他们有攀比消费的倾向，因而年龄在 60 岁以上的农民攀比消费动机相对较强烈，这也是他们攀比消费平均值相对较高的原因。

3. 收入对攀比消费的影响分析

收入是影响人们消费行为的一个重要因素，收入不同的人在消费上有差异性。为了验证收入对攀比消费的影响，在方差分析前需要作方差齐性检验，经检验发现，攀比消费的 $p = 0.111 > 0.05$，表示通过了方差齐性检验（表 5 - 32）。

表 5 - 32 收入影响下的攀比消费的方差齐性检验

Levene statistic	df_1	df_2	Sig.
1.632	8	1587	0.111

通过方差分析发现，不同收入的农民攀比消费上的 p 值 = $0.000 < 0.05$，表明收入对攀比消费的影响有显著性差异（表 5 - 33）。

表 5 - 33 收入与攀比消费的 ANOVA 表

	Sum of Squares	df	Mean square	F	Sig.
Between Groups	29.588	8	3.699		
Within Groups	1565.412	1587	0.986	3.750	0.000
Total	1595.000	1595			

表 5 - 34 不同收入区间攀比消费均值比较

年收入	均值	标准差	人数/人
4000 元以下	0.102	1.071	142
4000 ~ 8000 元	0.257	1.051	193

续上表

年收入	均值	标准差	人数/人
8000~12000 元	0.049	1.017	230
12000~16000 元	0.014	0.908	143
16000~20000 元	0.045	0.947	220
20000~24000 元	0.105	1.051	177
24000~28000 元	-0.112	0.836	113
28000~32000 元	-0.153	0.996	145
32000 元以上	-0.180	0.986	233
总体	0.00	1.000	1596

从表 5-34 中可以看出，收入相对较低的家庭攀比消费的均值较大，收入相对较高的家庭攀比消费的均值相对较低，或者说，收入相对较低的家庭在消费中以攀比性消费为主，收入相对较高的家庭在消费中以炫耀性消费为主。这种现象在社会心理学上也可以解释清楚。社会心理学认为，人们在生活中会受到不同的社会压力的影响，人们有时为了获得别人或群体的奖赏或逃避惩罚而出现从众、顺从或服从的行为，有时人们为了获得准确信息而出现从众、顺从或服从的行为，这就是莫顿·多伊奇（Morton Deutsch）和亨利·杰拉德（Henry Gerard）提出的规范性和社会性影响。与此同时，社会中群体成员具有规律的、稳定的行为模式，群体的行为模式受到社会规范、社会角色和地位体系的影响，它通常很快就可以形成，但是要改变起来却很慢。在农村中，收入不同的家庭在村庄中的社会地位也不同，受到的舆论压力也有差异，为了维护家庭的地位和保护家庭的面子，在规范性和社会性影响下，不同收入的家庭表现出从众、顺从或服从行为上的差异性，这种行为差异性一旦出现就比较难改变。阳翼实证表明了面子跟家庭收入不成正比关系，收入高的和收入低的人都要面子，但他们追求面子的内容不同。为此，当攀比消费成为村民维护地位、身份、面子的一种方法，成为村民生活的一种行为时，这种群体性的消费模式就成为有规

律的、稳定的消费模式。在这种情形下，家庭条件不同的村民在各种事件性活动中攀比消费程度也就不同。家庭条件差的人，为了面子，即使借钱也要把事情办好。家庭条件好的人，为了炫耀和摆阔气，则在消费中以炫耀性消费为主，成为其他家庭攀比消费的对象。农村居民攀比消费中还存在层次性和单向性，穷困家庭攀比一般家庭，一般家庭攀比条件好的家庭，条件好的家庭攀比城市居民家庭，在这种单向的攀比中，低层次的不断模仿高层次的，导致农村中攀比消费成风。

4. 文化程度对攀比消费的影响分析

一般说来，文化程度越高的人，了解商品信息的渠道越多，消费的理性程度也越高。为了研究文化程度对攀比消费的影响，在进行方差分析前需要作方差齐性检验，经检验发现，攀比消费的 $p = 0.005 < 0.05$，表示未通过方差齐性检验（表5-35），说明方差不齐。在方差不齐的情况下，采用比较稳健估计方法 Brown-Forsythe 检验来分析文化程度对攀比消费的影响差异性，从表5-36中可以发现，$p = 0.030 < 0.05$，表明文化程度不同的消费者在攀比消费上存在差异性。

表5-35 文化程度影响下的攀比消费的方差齐性检验

Levene statistic	df_1	df_2	Sig.
3.723	4	1591	0.005

表5-36 文化程度不同的消费者的平均相等性检验（Robust Tests of Equality of Means）

Brown-Forsythe	df_1	df_2	Sig.
2.679	4	1267.791	0.030

表5-37 不同文化程度攀比消费均值比较

文化程度	均值	标准差	人数/人
小学及以下	0.010	1.081	257
初中	0.061	1.035	625

续上表

文化程度	均值	标准差	人数/人
高中	0.065	1.004	304
中专	0.099	0.846	150
大专及以上	-0.138	0.892	260
总体	0.00	1.000	1596

从表5-37中我们发现，文化程度在中专及以下时，随着农民文化程度的增加，攀比消费的均值在增大，中专文化程度的农村居民攀比消费均值最大；当文化程度在大专及以上时，农民的攀比消费均值最小。这种现象体现了文化程度对攀比消费的影响，随着文化程度的提升，农民攀比消费行为在增多，当文化程度达到大专及以上时，攀比消费行为减少。这种现象也比较好解释。在农村，农民的文化程度普遍较低，文化程度高的人在某种程度上有优势，例如当村干部、红白喜事的主持人等，他们注重自己在村民中的威信和影响力，对面子、地位也比较在意，因而在消费中攀比心理较强。当文化程度在大专及以上时，人们的身份就发生了变化，他们可能在政府机关上班，或在企事业单位上班，他们的地位也就发生了很大的变化，与同村人相比，他们端的是"铁饭碗"，社会交往的圈子也大，他们的收入一般比同村人高。这些人就更希望通过消费来表现自己的成就，在消费中到处炫耀性消费，显示自己的身份、地位、财富和面子。他们是农民攀比的主要参照群体，因而他们攀比消费的均值相对最低。

5. 职业对攀比消费的影响分析

随着经济发展和社会主义新农村建设的开展，农民的职业观发生了转变，他们不再像以前那样一年到头在几亩田地里耕作，面朝黄土背朝天，职业多元化使农民的生活圈发生了改变，使农民的生活方式和消费方式也发生了变化。为了研究职业的改变对农民攀比消费有何影响，在方差分析前需要作方差齐性检验，经检验发现，攀比消费的$p=0.206>0.05$，表示通过了方差齐性检验

(表5-38)。

表5-38 职业影响下的攀比消费的方差齐性检验

Levene statistic	df_1	df_2	Sig.
1.413	6	1589	0.206

通过方差分析发现,不同职业的农民在攀比消费上的 p 值 = 0.107 > 0.05,表明差异性不显著(表5-39)。

表5-39 职业与攀比消费的ANOVA表

	Sum of Squares	df	Mean square	F	Sig.
Between Groups	10.440	6	1.740	1.745	0.107
Within Groups	1584.560	1589	0.997		
Total	1595.000	1595			

农民的职业对攀比消费的影响不显著,即不管农民是在家务农、当个体户、自己创业还是在外打工等,他们在攀比消费上的差异性都不明显,这种原因可以解释清楚。在中国,不管是什么人都需要面子,在讲究人情社会的农村,农民更需要面子。农民在家务农、当个体户、自己创业或在外打工等,在人际交往中尽管交往的圈子不同,但是都顾及人情和面子的问题,也在不同程度上追求社会地位,并且有模仿他人消费的倾向,在多种因素的影响下,他们在日常的生活和消费中都主动或被动地进行攀比消费。姜彩芬实证证明了不同职业的人在消费中的面子观念并没有显著差别,也就是说不同职业的人在消费中都会顾及面子问题。在结构方程模型中,笔者也证明了自我面子对攀比消费的影响非常大,农民攀比消费的动机也主要是为了面子。既然在消费中人们的职业对面子的影响不显著,不同职业的农民在消费中也都需要面子,由此可以推断不同职业的农民在消费中都存在攀比消费,故农民的职业对攀比消费的影响不显著。

6. 婚姻状况对攀比消费的影响分析

一般说来,人们成家前在父母的关爱下过着无忧无虑的生活,成家后组成了自己的小家庭，要承担相应的责任，因此，成家后人们的消费行为会发生变化。为了研究婚姻状况对农民攀比消费有何影响，在进行方差分析前需要作方差齐性检验，经检验发现，攀比消费的 $p = 0.047 < 0.05$，表示未通过方差齐性检验（表5–40），说明方差不齐。在方差不齐的情况下，采用比较稳健估计方法 Brown-Forsythe 检验来分析婚姻状况对攀比消费的影响差异性，从表5–41 中可以发现，p 值 $= 0.407 > 0.05$，表明差异性不显著。

表5–40　婚姻状况影响下的攀比消费的方差齐性检验

Levene statistic	df_1	df_2	Sig.
2.663	3	1592	0.047

表5–41　婚姻状况不同的消费者的平均相等性检验（Robust Tests of Equality of Means）

Brown-Forsythe	df_1	df_2	Sig.
0.972	3	209.267	0.407

婚姻状况不同的人在攀比消费上差异不显著，其原因有两条。①农村中未婚的年轻人在生活上有父母的关照，过着悠闲的日子，但是他们易受到现代消费主义文化的影响，特别是"90后"一代人，他们追求快乐，享受生活，易养成喜欢穿名牌，虚荣心强的行为和心理。他们在外打工赚钱自己花，喜欢与周围的同龄人比较，别人有啥自己也要有，在模仿中不断攀比。他们结婚后，组成了自己的家庭，希望自己的小家过得舒服，也希望自己的小家不比同村庄里其他人差，在日常的吃、穿、玩、用等方面相互比较，通过比较来发现差距，也通过攀比消费来缩小差距。有些年轻人在结婚时就与别人攀比，攀比住房、家用电器、嫁妆等，通过攀比来要求父母实现他们的目标，这也为以后的小家庭积累资本。②农村中的年轻人在结婚前是给父母挣面子，在结婚后是为自己的小家庭挣面子。为了面子而攀比消费是农民心照不宣的消费行为。婚前婚后，农民攀比消费的形式不变，只是攀比消费的内容略有变化，婚前他们在吃、穿、玩上攀比消费，婚后他们在家庭地位上攀比消费。

7. 不同家庭所在地对攀比消费的影响分析

为了验证农村、县城和郊区居民在攀比消费上的差异性,在进行方差分析前需要作方差齐性检验,经检验发现,攀比消费的 p 值 $= 0.095 > 0.05$,表示通过了方差齐性检验(表5-42)。

表5-42　家庭所在地影响下的攀比消费的方差齐性检验

Levene statistic	df_1	df_2	Sig.
2.362	2	1593	0.095

通过方差分析发现,不同家庭所在地的农民在攀比消费上的 p 值 $= 0.070 > 0.05$,表明差异性不显著(表5-43),也就是说住在农村、县城和郊区的农民在攀比消费上差异性不明显。

表5-43　家庭所在地与攀比消费的ANOVA表

	Sum of Squares	df	Mean square	F	Sig.
Between Groups	5.320	2	2.660	2.666	0.070
Within Groups	1589.680	1593	0.998		
Total	1595.000	1595			

住在农村、县城和郊区的农民在攀比消费上差异性不明显,这种原因可以解释。随着农民收入水平的不断提高,不少农民在县城或镇上建房、买房,尽管他们住在县城或镇上,但他们的生活习惯并没有发生什么变化。在农村地区,村庄和县城、郊区是紧密联系在一起的,住在县城和郊区的农民与住在乡下的农民在生活方式和消费方式上有很大的相似性,他们都深受传统的风俗习惯的影响,正如农民长期在外面打工,春节期间也不辞劳累要回家过年一样,很多消费习惯一旦形成,就很难在短期内改变,在人情消费、地位消费和模仿消费上都注重自我面子或他人面子,为了面子时常攀比消费。因此,住在农村、县城和郊区的农民在攀比消费上差异性不显著。

8. 不同区域对攀比消费的影响分析

中国地域广大,市场的差异性也是很大的,这种差异性表现在一国多个市场和一国多层市场。卢泰宏在研究中国区域消费差异时,根据文化的相似性把中国分为东北、华北、西北、西南、华南、华北和华中七大区域(除港澳台地区),这种划分没有考虑到地区经济发展的差异性,笔者参考阳翼的分类标准和区域经济发展水平,把我国分成九大区域(表5-44)。为了研究不同区域的农民攀比消费的差异性①,在进行方差分析前需要作方差齐性检验,经检验发现,攀比消费的 p 值 $= 0.000 < 0.05$,表示未通过方差齐性检验(表5-45),说明方差不齐。在方差不齐的情况下,采用比较稳健估计方法 Brown-Forsythe 检验来分析不同区域消费者在攀比消费上的差异性,从表5-46中可以发现,p 值 $= 0.000 < 0.05$,表明不同区域的消费者在攀比消费上存在显著差异性。

表5-44 不同区域消费者攀比消费均值比较

序号	不同区域	均值	标准差	人数/人
1	北京、天津、上海	-0.305	1.018	41
2	广东	-0.314	1.040	37
3	山东、江苏、浙江	0.150	0.964	114
4	河北、山西、陕西、甘肃	-0.038	0.871	155
5	黑龙江、辽宁、吉林	0.112	0.729	85
6	云南、贵州、广西、海南	-0.000	0.901	85
7	四川、重庆	0.329	1.203	157
8	西藏、青海、宁夏、内蒙古、新疆	-0.401	0.996	67
9	湖南、湖北、河南、福建、江西、安徽	-0.048	0.996	855
总体		0.000	1.000	1596

表5-45 区域影响下的攀比消费的方差齐性检验

Levene statistic	df_1	df_2	Sig.
4.416	8	1587	0.000

---

① 注:本部分(8.不同区域对攀比消费的影响分析)中的"消费者"除特别指出外,皆特指"农村地区消费者"。

表 5-46　不同区域的消费者的平均相等性检验（Robust Tests of Equality of Means）

Brown-Forsythe	df_1	df_2	Sig.
5.405	8	571.655	0.000

卢泰宏等指出，中国市场营销中最关键的战略之一就是不可忽视区域消费差异和地理细分。中国不同区域的地理环境、气候条件、经济发展水平、文化及亚文化的差异性使不同地区消费者的消费行为各显地方特色。英国经济学家情报社 EIU 的调查发现，进入中国市场的跨国公司，把中国看成一个市场的有 44%，看成两个市场的有 6%，看成 3 个市场的有 11%，看成 4 个或更多市场的有 39%，39% 的公司基本上都赢了，44% 的和 6% 的公司很多都输了[1]。中国区域市场的消费差异性从表 5-44 中也可窥见一二。四川、重庆两个地区的农民攀比消费均值最高，为 0.329，其次是山东、江苏和浙江三个地区，攀比消费均值为 0.150，黑龙江、辽宁和吉林三个地区，攀比消费均值也相对较高，为 0.112；西藏、青海、宁夏、内蒙古、新疆地区的农民攀比消费均值最低，为 -0.401，广东地区农民攀比消费均值次低，为 -0.314，其次是北京、天津、上海三个地区，农民攀比消费均值为 -0.305。这些差异性也是各地方消费行为差异性的表现，是由多种因素造成的。

四川省有 55 个少数民族，重庆市有 51 个少数民族，都是多民族聚集地。在这两个地区的农村中，由于历史的原因，形成了以血缘关系为纽带的宗族群体和势力[2]。在市场经济的冲击下和社会性价值观支配下，在面子的竞争中，村民感受到要保护个人和家庭的利益，依靠个人或家庭的力量是远远不够的，在没有其他办法的情况下，只有寻求家族力量加以保护。基于此，每个村庄每个族姓基本上形成了宗族群体，每个宗族群体都有自己的族长、祠堂和族规等。在宗族观念的影响下，村民们把血缘和人情关系放在至高位置上，同时，他们热

---

[1] 卢泰宏，杨晓燕，张红明. 消费者行为学：中国消费者透视 [M]. 北京：高等教育出版社，2005：180.

[2] 历史的原因是指，很多居民祖上不是本地人，而是在"湖广填四川"时迁徙过来的，长久聚族而居。

情、重面子、冲动，大都属于冲动型的人，做事大都不"三思而后行"，在人情消费上有从众心理、情感心理、投机心理和面子心理以及族规的压力。日常生活中，村民之间的竞争不仅仅是家庭之间的竞争，也是宗族之间的竞争，村民维护的不仅仅是自己和家庭的面子，也是本宗族的面子。在宗族型村庄中，面子的社会控制能力非常强，几乎控制了村庄中所有村民的所有行为。为此，在四川和重庆农村地区，村民为了维护宗族的势力，在日常的生活和消费中，将面子的竞争表现为对特定类型物的争夺或攀比，在婚丧嫁娶等重大事件上，宗族之间的面子竞争就更加厉害。正因为四川、重庆两个地区农村宗族势力的存在和影响，所以当地村民在攀比消费上的均值非常高。

在经济发达的地区，如山东、浙江和江苏，农民的收入水平高，物质财富积累到较高程度，消费者自我倾向较为明显。在经济利益的驱使下，农民的价值观发生了变化，本体性价值观被社会性价值观取代，农民追求家庭的富有和社会地位，村民间的关系相对较冷淡，交往中重利轻义。一些暴富的农民过上小康生活后，开始盲目追求物质上的享受，穿名牌、买好车，相互攀比。有些富裕的农民不惜重金重修祖坟，以此来展现家庭的富有和自己的孝心，并引来其他人的模仿、攀比。李宝库也研究表明，经济发达地区的农村居民注重产品的符号价值，如购买高档物品以显示地位、身份、财富等。在消费中以现代主义消费文化为主，通过攀比消费来彰显自己在事业、财富、地位上的成功。正因为如此，这三个地区农民攀比消费的均值相对较高。

阳翼研究发现，北方人比南方人更注重面子，尤其是东北人。东北人讲"义气"、好客，称兄道弟，家里来了客人，总是热情款待，即使家中条件不好，也要在面子上做够功夫，他们最看重婚丧嫁娶等重大事件，在这些重大事件中讲排场、好攀比。东北人也很讲人情，礼尚往来，送人情，还人情，通过人情消费来增进感情。从面子和人情消费两个方面来看，东北三省农民攀比消费均值也较高。相反，在广东地区，经济很发达，农民收入非常高，人们的人际关系相对复杂，传统的人情世故、礼尚往来的观念相对淡薄。广东地区受现代消费主义的影响很大，以后现代主义消费文化为主流，追求经济利益，追求事业上的成功，渴望获取某种地位，在消费中主要通过炫耀性消费来体现自己的成功、地位和金钱实力。因此，广东地区农民攀比消费均值相对较低。

在经济不发达的地区，农民的物质生活相对匮乏，在社会交往中农民重视人与人之间的情谊，注重礼节，农民的价值观主要以本体性价值观为主，家庭成员之间感情深厚，村民之间和睦相处，很少涉及面子竞争问题，在人情往来中注重礼轻情意重，在消费中也是以传统的消费文化为主，很少为了面子而相互攀比。同时，由于经济不发达省份的农村地区交通闭塞，信息流通不畅，商品供应不足，在有限的收入水平下，农民的消费主要是解决温饱问题，淳朴的村民不会盲目追求社会地位。李宝库也研究发现，经济不发达的地区农村居民对商品的需求以基本功能的满足为目的，以量的需求为特征。西部有些地区农民普遍信仰宗教，有宗教信仰的农民对人世间的名利和地位看得比较淡，他们追求心灵上的富足，因而在消费中不会为了面子、地位而盲目去攀比消费。但贫困地区的农民，在婚姻中由于没有可参考的消费标准，存在着从众、模仿行为，盲目的模仿消费会导致攀比消费。正因为上述原因，云南、贵州、广西、海南、西藏、青海、宁夏、内蒙古和新疆九个地区的农民攀比消费均值相对最低。

北京、天津、上海这三个地区经济发达，人们的文化程度相对也最高。在城市化建设中，不少农村地区不断被郊区化，农民的身份也开始由农村户口转变为城市户口，农民也成为城市中的新移民。在城市的文化大环境影响下，农民的生活方式和消费方式受到影响，他们的消费慢慢变得理性，在消费中模仿、攀比的现象相对较少。在城市经济的带动下，他们的收入水平增长得很快，富裕起来的农民也想通过炫耀性消费来表现自己的成功，因而他们攀比消费的均值相对较低。

总之，根据以上从性别、年龄、收入等八个方面对攀比消费影响的方差分析结果来看，人口统计变量在不同程度上影响了攀比消费，除了职业、婚姻状况和家庭所在地对攀比消费的影响不显著外，其他五个方面都显著，也就说明不同背景的农民在攀比消费上存在着差异性。

5.8 城乡居民攀比消费及其影响因素比较分析

我国是城乡两元经济社会，收入水平的差异使城乡居民在生活方式和消费方式上都不相同，进而在攀比消费上也有差异。本节主要研究城乡居民攀比消费的差异性、城乡居民攀比消费影响因素的比较分析和不同城市间居民攀比消费上的差异性。

5.8.1 城乡居民攀比消费比较分析

为了验证农村居民和城市居民在攀比消费上存在差异性，笔者利用1653个样本（其中，农村样本1158个，城市样本495个）作单因素方差分析（One-way ANOVA）。在进行方差分析前需要作方差齐性检验，经检验发现，攀比消费的 p 值 = 0.210 > 0.05，表示通过了方差齐性检验（表5－47）。

表5－47 攀比消费的方差齐性检验

Levene statistic	df_1	df_2	Sig.
1.571	1	1651	0.210

通过方差分析发现，农村居民和城市居民在攀比消费上的 p 值 = 0.000 < 0.05，表明差异性显著（表5－48）。

表5－48 家庭所在地与攀比消费的 ANOVA 表

	Sum of Squares	df	Mean square	F	Sig.
Between Groups	13.672	1	13.672	13.777	0.000
Within Groups	1638.238	1651	0.992		
Total	1652.000	1652			

表 5-49　不同家庭所在地的消费者攀比消费均值比较

家庭所在地	均值	标准差	人数/人
农村	0.059	1.015	1158
城市	-0.139	0.951	495
总体	0.00	1.000	1653

从表 5-49 中我们可以发现，农村居民在攀比消费上的均值高于城市居民，且 p 值小于 0.05，也就是说农村居民和城市居民在攀比消费上存在着显著的差异性。这种结果是在意料之中的。我们知道城市社区中邻里间的关系远远不如农村社区中邻里间的关系亲密。城市社会相对而言是一个陌生人社会，城市人每天为工作而奔波，很少有时间在一起聊天、交流感情，即使有时间也是一家人在一起，在同一个社区中大家尽管每天都见面，但彼此都不认识，群体成员的认同度较低，大家也没有多少的面子竞争。一般说来，城市居民的文化程度远高于农村居民，他们了解商品信息的渠道比农民多，在消费中选择的机会也比农民多，消费中的理性成分远远多于农民，且他们的收入水平比农村居民高出很多，所以他们模仿、攀比心理相对较弱。农村社会是一个熟人社会，在同一个村庄里，村民之间彼此知根知底，闲暇之余三五成群坐在一起聊天，传递信息和交流感情，熟人社会与陌生人社会显著不同的是，熟人社会里大家特别爱面子，为了面子村民之间相互竞争、相互攀比。农民文化程度较低，对商品信息了解少，对商品的选择机会也少，所以会在消费中相互模仿，而在目标不明确的情况下，他们在模仿中又相互攀比，多种原因导致农村居民攀比消费的程度比城市居民厉害得多。袁芳英和许先普的研究也发现农村居民攀比消费比城市居民攀比消费活跃得多，城市居民消费表现得更为理性。

5.8.2　城乡居民攀比消费影响因素比较分析

既然农村居民和城市居民在攀比消费上存在差异性，那么影响城市居民攀比消费的因素与农村居民的有没有差异性呢？为了回答这个问题，笔者利用 LISREL 8.70 软件采用多样本结构方程模型来进行分析。本研究有效样本总数为

2091 个，其中农村样本数为 1596 个（包括郊区和县城），城市样本数为 495 个。农村样本和城市样本回归系数相等时的模型为模型 1，回归系数不相等时的模型为模型 2。经 LISREL 8.70 软件分析后，相关模型的拟合度指标如表 5 - 50 所示。

表 5 - 50　多样本模型拟合度评估摘要表

模型	χ^2 值	df	RMSEA	NFI	CFI	IFI	PNFI	GFI
全体样本	1879.77	412	0.041	0.97	0.97	0.97	0.86	0.95
农村样本	1531.38	412	0.041	0.96	0.97	0.97	0.85	0.94
城市样本	855.79	412	0.047	0.93	0.96	0.96	0.83	0.90
回归系数相等	2412.43	847	0.042	0.96	0.97	0.97	0.87	0.90
回归系数不等	2387.16	824	0.043	0.96	0.97	0.97	0.85	0.90

从表 5 - 50 中我们可以发现，全体样本、农村样本和城市样本的模型都具有良好的拟合度，回归系数相等的模型和回归系数不相等的模型的拟合度也都比较好。回归系数相等时模型的 $\chi_1^2 = 2412.43$，$df_1 = 847$，回归系数不等时模型的 $\chi_2^2 = 2387.16$，$df_2 = 824$，由此可得 $\Delta\chi^2 = \chi_1^2 - \chi_2^2 = 25.27$，$\Delta df = df_1 - df_2 = 23$，查表得到 $df = 23$，$p = 0.05$，$\chi^2 = 35.172$，$\Delta\chi^2 = 25.27$ 小于 35.172，因而 $p > 0.05$，$\Delta\chi^2$ 检验结果是统计不显著，说明农村样本和城市样本在因素载荷参数上没有明显的差异，因素载荷是相似的。

由以上分析可知，城乡居民攀比消费的影响因素差异性很小，为了进一步研究城乡居民和农村居民的攀比消费影响因素是否一样，笔者用 495 个城市居民样本做与农村居民攀比消费结构方程模型一样的模型分析。用 LISREL 8.70 软件分析后，其拟合指标见表 5 - 51。由该表可知，RMSEA 为 0.047，CFI 为 0.96，IFI 为 0.96，各项指标符合标准，表明研究模型比较理想，其模型结构图如图 5 - 6 所示。

表 5 - 51　城市样本结构模型拟合指标

指标	χ^2/df	RMSEA	SRMR	GFI	AGFI	NFI	CFI	PGFI	IFI	PNFI
数值	2.08	0.047	0.068	0.90	0.88	0.93	0.96	0.75	0.96	0.83

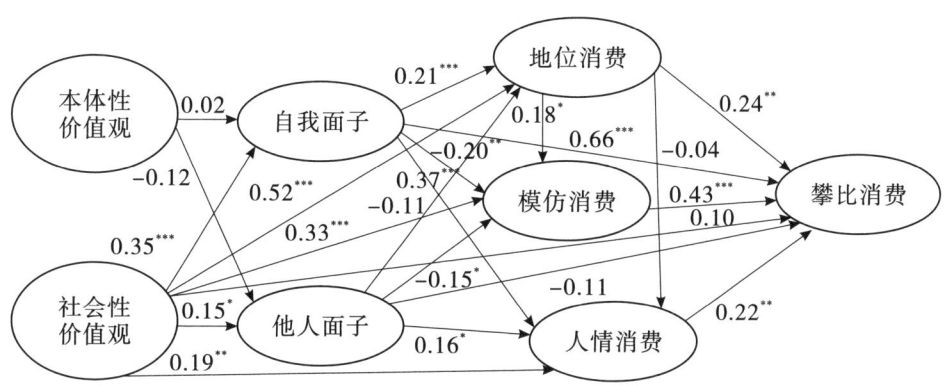

图 5-6 城市样本模型结构图

注：*** 表示 $p<0.001$，** 表示 $p<0.01$，* 表示 $p<0.05$。

根据图 5-6 的结果，本研究中的相关假设及其检验结果如表 5-52 所示。

表 5-52 城市样本结构方程模型检验结果

路径关系	回归系数	标准化系数	t 值	显著水平	结论
本体性价值观→自我面子	0.02	0.02	0.28	$p>0.05$	不支持
本体性价值观→他人面子	-0.12	-0.12	-1.80	$p>0.05$	不支持
社会性价值观→自我面子	0.35***	0.31***	4.07	$p<0.001$	支持
社会性价值观→他人面子	0.15*	0.15*	2.14	$p<0.05$	不支持
自我面子→地位消费	0.21***	0.21***	3.53	$p<0.001$	支持
他人面子→地位消费	-0.11	-0.10	-1.83	$p>0.05$	不支持
自我面子→模仿消费	-0.20**	-0.17**	-3.14	$p<0.01$	不支持
他人面子→模仿消费	-0.15*	-0.11*	-2.26	$p<0.05$	支持
自我面子→攀比消费	0.18*	0.16*	2.44	$p<0.05$	支持
他人面子→攀比消费	-0.11	-0.09	-1.74	$p>0.05$	不支持
自我面子→人情消费	0.37***	0.41***	5.24	$p<0.001$	支持
他人面子→人情消费	0.16*	0.16*	2.57	$p<0.05$	支持
地位消费→攀比消费	0.24**	0.21**	2.78	$p<0.01$	支持

续上表

路径关系	回归系数	标准化系数	t值	显著水平	结论
模仿消费→攀比消费	0.43***	0.43***	5.71	$p<0.001$	支持
人情消费→攀比消费	0.22**	0.17**	2.72	$p<0.01$	支持
地位消费→模仿消费	0.66***	0.57***	7.74	$p<0.001$	
地位消费→人情消费	-0.04	-0.04	-0.06	$p>0.05$	
社会性价值观→地位消费	0.52***	0.47***	6.43	$p<0.001$	
社会性价值观→模仿消费	0.33***	0.26***	3.84	$p<0.001$	
社会性价值观→人情消费	0.19*	0.19*	2.37	$p<0.05$	
社会性价值观→攀比消费	0.10	0.08	1.18	$p>0.05$	

注：上表中 * 表示 $p<0.05$，** 表示 $p<0.01$，*** 表示 $p<0.001$。

由表 5-52 可知，城市居民本体性价值观对自我面子和他人面子影响都不显著，社会性价值观对自我面子和他人面子影响都显著；自我面子和他人面子对模仿消费都有显著的负向影响；自我面子对攀比消费影响显著，他人面子对攀比消费影响不显著；自我面子和他人面子对人情消费影响都显著；地位消费、模仿消费和人情消费对攀比消费影响都显著；地位消费对模仿消费影响显著，对人情消费影响不显著；社会性价值观对地位消费、模仿消费和人情消费影响都显著，对攀比消费影响不显著。

由前面的分析可知，对于农村居民而言，社会性价值观、自我面子、地位消费、人情消费和模仿消费都直接影响攀比消费，本体性价值观间接影响攀比消费；本体性价值观对自我面子和他人面子影响都显著；社会性价值观显著影响自我面子，而对他人面子影响不显著；自我面子和他人面子对模仿消费都有显著的负向影响；地位消费对模仿消费和人情消费影响都显著；社会性价值观对地位消费、模仿消费和人情消费影响都显著。

由此可见，社会性价值观影响农村居民的攀比消费，而不影响城市居民的攀比消费；本体性价值观间接影响农村居民的攀比消费，但对城市居民的攀比消费没有间接影响;自我面子、地位消费、人情消费和模仿消费既影响农村居民的攀比消费,也影响城市居民的攀比消费。因此,城市居民和农村居民在攀比消费影响因素上存在着一定差异性,但不显著。

5.8.3 城市居民攀比消费差异性分析

为了验证不同城市的居民在攀比消费的差异性,利用 495 个城市样本,采用单因素方差分析(One-way ANOVA)。在进行方差分析前需要作方差齐性检验,经检验发现,攀比消费的 $p = 0.578 > 0.05$,表示通过了方差齐性检验(表 5-53)。

表 5-53 攀比消费的方差齐性检验

Levene statistic	df_1	df_2	Sig.
0.658	3	491	0.578

通过方差分析发现,不同城市的居民攀比消费上的 $p = 0.000 < 0.05$,表明差异性显著(表 5-54),也就是说不同城市的居民在攀比消费上差异性明显。

表 5-54 不同城市的居民攀比消费的 ANOVA 表

	Sum of Squares	df	Mean square	F	Sig.
Between Groups	19.204	3	6.401	6.620	0.000
Within Groups	474.796	491	0.967		
Total	494.000	494			

表 5-55 不同城市的居民攀比消费均值比较

城市	均值	标准差	人数/人
北京市	-0.146	0.971	138
新疆独山子区	-0.076	0.897	119
江西九江市	-0.038	1.057	157
湖北武穴市	0.435	0.978	81
总体	0.000	1.000	495

由表5-55可知，北京市居民攀比消费均值最低，为-0.146，湖北武穴市居民攀比消费均值最高，为0.435，这种情况表明城市经济发展越快，居民收入越高，居民在攀比消费上的均值越低。北京市作为首都和大城市，经济发达，人们的收入水平相对较高，信息和商业都发展得非常快，大型购物场所多，人们购物方便，选择性也很大，攀比消费相对较少，人们多表现为炫耀性消费。湖北武穴市作为一个县级市，人们收入水平相对不高，信息和商业发展相对落后，居民基本上为本地人，受周边农村和郊区的风俗习惯、传统文化的影响，居民的消费习惯与周边农村和郊区的农民消费习惯差异不大，因而，他们攀比消费的均值较高。新疆独山子区和江西九江市作为发展中等城市，消费环境居于大城市和小城市之间，人们的攀比消费均值处于中间状态。

第 6 章 研究结论与讨论

本研究在深度访谈和实地调查的基础上研究了农村居民攀比消费现象，并从价值观、面子、地位消费、模仿消费和人情消费等方面研究了农村居民攀比消费的影响因素，用实证的方法证明了这些因素在不同程度上对攀比消费的影响。本章在前面所做的定性和定量分析的基础上进行综合性陈述与讨论，并指出本研究的贡献和管理启示、研究不足和今后进一步研究的方向。

6.1 研究结论

6.1.1 假设总结

本研究采用结构方程模型，对价值观、面子、地位消费、模仿消费和人情消费与攀比消费之间的关系进行了分析，分析的结果证明了本研究的大部分假设，说明了在农村，多种因素导致农村居民乐于攀比消费。表 6-1 总结了本研究的所有假设。

表 6-1 本研究所有假设汇总

假设标号	假设内容	检验结果
H1a	本体性价值观对农民的自我面子有正向影响	支持
H1b	本体性价值观对农民的他人面子有正向影响	支持
H2a	社会性价值观对农民的自我面子有正向影响	支持
H2b	社会性价值观对农民的他人面子有负向影响	不支持
H3a	自我面子对农民的地位消费有正向影响	支持
H3b	他人面子对农民的地位消费有负向影响	不支持
H4a	自我面子对农民的模仿消费有正向影响	不支持

续上表

假设标号	假设内容	检验结果
H4b	他人面子对农民的模仿消费有负向影响	支持
H5	自我面子对农民的攀比消费有正向影响	支持
H6	他人面子对农民的攀比消费有负向影响	不支持
H7	自我面子对农民的人情消费有正向影响	支持
H8	他人面子对农民的人情消费有正向影响	支持
H9	地位消费对农民的攀比消费有正向影响	支持
H10	模仿消费对农民的攀比消费有正向影响	支持
H11	人情消费对农民的攀比消费有正向影响	支持
H12	向上比较时，人情消费对攀比消费的影响比向下比较时更显著	支持
H13	向上比较时，模仿消费对攀比消费的影响比向下比较时更显著	支持
H14	向上比较时，地位消费对攀比消费的影响比向下比较时更显著	不支持

在表6-1中有五个假设没有得到支持，具体原因如下。

（1）假设 H2b：社会性价值观对农民的他人面子有负向影响。

贺雪峰认为，社会性价值观是在人与人之间进行竞争的过程中形成的，在村庄中农民希望凭借竞争来获得优势，通过外显的成就来替代内在的价值。在这个过程中，农民是从自我面子的角度出发，用自我面子来呈现自己的经济实力和身份地位是农民内在的心理观念，农民不在乎他人面子，不重视他人面子。特别是当农民将社会性价值观的追求放在重要的位置上时，他就更加在乎别人如何评价自己，对他人对待自己的态度更加敏感，更加期待他人对自己的尊重，十分在乎自我面子的得失，他们行动的唯一目的就是赤裸裸的现实利益，不再将他人面子放在眼里，他人面子与自己毫不相干。因此，社会性价值观对他人面子影响不显著。

（2）假设 H3b：他人面子对农民的地位消费有负向影响。假设 H6：他人面子对农民的攀比消费有负向影响。

面子代表了个人形象和尊严，也代表了个人的身份、地位和财富，人们通过地位消费展示出的是本人及家庭的身份、地位和面子,他人面子体现出的是他人的身份和地位,农民攀比消费的最终目的是维护提升自我面子。在农村,面子常常在一个封闭的圈子里才能起到它应有的作用,在这种情况下,如果个人为了照顾他人面子而进行地位消费或攀比消费,借此来提高他人的身份和地位,他的这种做法只有在封闭的圈子里的村民才知道,实际上在整个村的村民眼里他还是为了提高自己的身份和地位,在某种情况下还可能对他人面子造成负面影响。在社会性价值观占主导地位的村庄里,人们都是看重自我面子而忽视他人面子,为了他人面子而进行地位消费或攀比消费,不仅与社会性价值观所追求的内容相违背,还可能影响到自我面子。在农村的很多情况下,面子认同会慢慢形成心理定式和行为惯性,产生"本该如此"和"理应这样"的心理暗示和行为指向。如果个人为了他人面子而进行地位消费或攀比消费,那么当这种行为形成心理定式和行为惯性时,一旦有一次没有为他人面子进行地位消费或攀比消费,就会引起他人的猜疑和不满,这样不但会影响他人面子,还会影响自我面子,导致双方都没有面子。在多一事不如少一事和"各人自扫门前雪,莫管他人瓦上霜"的思想观念下,农民很少甚至不愿为了他人面子而进行地位消费或攀比消费。从上述分析来看,在日常生活和消费中,他人面子对农民的地位消费没有影响,对农民的攀比消费也没有影响。

(3)假设 H4a:自我面子对农民的模仿消费有正向影响。

在深度访谈中,不少被访者认为,在农村中人们对自我面子的追求,有时是主动的,有时是被动的,特别是在模仿消费中,被动性就更为明显,农民认为不得不这样做,否则就会失去面子(个案 1、个案 4、个案 5、个案 11、个案 17 等)。个案 1 在访谈中提到,在农村葬礼中存在着"敲竹杠"①的习惯,被"敲"的亲戚朋友就是被动地模仿消费,被动地追求自我面子,主观上并不想去

---

①注:在笔者农村老家,老人去世后,把遗体放在棺材里,如果火化了,则把骨灰盒放在棺材里,然后人们把棺材抬到墓地去埋起来。"八仙"指抬棺材的人。"敲竹杠"是指在把棺材抬到墓地过程中,"八仙"和乐队中能说会道的人会说一些好听的话,夸奖孝子、女婿及亲戚朋友,在夸奖过程中指名道姓并说出应该给多少钱,夸到哪一位,哪一位就要给钱,借此来活跃气氛。

模仿他人。个案10认为，面子强的人如果处处模仿别人，就会担心村民在背后说闲话，说他没有自己的主见；不模仿别人消费，别人有的东西自己没有，又担心村民在背后说他没有能耐。结果是，模仿或不模仿他人消费，都感觉到自己的面子受到威胁。个案8谈到，他当初建房时，看到邻居盖得很漂亮，为了不被别人讲闲话，自己也要盖得漂亮点，于是就借钱，盖好后欠了不少债，心里又后悔了。从访谈的结果来看，自我面子强的人被动去模仿消费，模仿或不模仿都有可能丢失面子，主观上、内心里他们不想去模仿消费。因此，从农民保护自我面子的角度来看，自我面子对农民的模仿消费存在着负向影响。

（4）假设H14：向上比较时，地位消费对攀比消费的影响比向下比较时更显著。

在农村，经济条件决定了社会地位，经济条件好的家庭在村庄中的社会地位也就相应较高，社会地位又决定了村民的面子大小，因此，村民在日常生活中习惯通过比较来决定自己的社会地位和面子的大小。在访谈中，个案1认为，在地位消费中，攀比一般是与跟自己经济实力相当的人进行比较，与经济实力相差很悬殊、相当雄厚的人不敢比，与经济实力比自己强的人比较，就会打击自己，伤害自尊心，感觉自己没有用，没有本事赚钱，在他人面前就低志了，说话的声音也小了很多；与经济实力比自己差的人比较，就会觉得自己还不错，至少还有人不如我，自尊心得到提高，自己的地位也相应较高。Hakmiller也研究发现，在人们的比较目的是自我提高的情况下，当自尊心受到威胁时，人们倾向于向下比较。在农村，不同家庭的收入水平相差不大，非常富有的家庭相对较少，人们向上比较的对象不多，向下比较的对象则相对较多，在自尊心的驱使下，为了提升自我面子，在地位消费时村民就倾向于向下比较，在向下比较中通过攀比消费来进一步扩大自己的社会地位优势，提高自我。因此，向下比较时，地位消费对攀比消费的影响比向上比较时更大、更显著。

6.1.2 研究结论

本研究中得到以下主要结论。

（1）价值观对农民日常生活和消费有着重要的影响。随着市场经济的发展，农民的价值观发生了变化，价值观的变化影响了农民的生活方式，也影响了农民的面子观念，使农民在日常生活和消费中更加注重自我面子，进而影响了农民的地位消费、模仿消费和人情消费等消费行为。

（2）价值观对农民的攀比消费有重要的影响。本体性价值观通过多种途径间接地影响着农民的攀比消费；社会性价值观一方面直接影响农民的攀比消费，另一方面也间接影响农民的攀比消费。相对于本体性价值观，社会性价值观对攀比消费的影响程度要显著得多，它是影响农民攀比消费的重要因素之一。

（3）根据文献资料和深度访谈分析的结果，本研究把农民的面子意识分为自我面子和他人面子，这种划分具有普遍性，在实际生活中也具有现实意义。

（4）自我面子对农民的攀比消费影响程度大。面子作为一种符号资源是农民不断追求的目标。在中国社会中，任何人都需要面子，都想方设法保护或提高自我面子，甚至不惜以生命为代价。自我面子一方面直接影响农民的攀比消费，另一方面也间接影响农民的攀比消费，自我面子越强的人，攀比消费的欲望也就越强。为了面子而攀比消费已经成为大家的共识。

（5）在农村社会中，多种因素共同作用影响了农民的攀比消费。从结构方程模型分析所得的总效应和间接效应结果来看，本体性价值观、社会性价值观、自我面子、地位消费、模仿消费和人情消费都对攀比消费有直接或间接影响，其中社会性价值观和自我面子占重要影响地位。

（6）在日常生活和消费中，农民习惯性地进行比较，特别是向上比较。越喜欢向上比较的农民，在模仿消费和人情消费中，也就越主动或被动地进行攀比消费。在地位消费中，家庭条件较好的农民倾向于向上比较，家庭条件较困难的农民倾向于向下比较，其原因是家庭条件较好的农民有条件与地位高的家庭比较，家庭条件困难的农民觉得与地位高的人没法比，与地位低的人比可以显示自己的地位优越性，并通过攀比消费来进一步巩固自己的地位优势。在地位消费、人情消费和模仿消费中，比较的结果促使农民不断攀比消费以获得社会认同和提高面子。

（7）攀比消费在中国农村具有普遍性。在我国广大农村地区，不管是经济发达的，还是经济欠发达的，也不管是南方的，还是北方的，不同的因素组合导致了农民攀比消费。尽管农村各地区之间存在差异性，但农民攀比消费的内容和形式具有相似性，攀比消费的动机具有趋同性。

（8）农民的攀比消费程度存在地区差异性。我国农村地区覆盖面大，各地区经济发展程度不同，风俗习惯也存在差异性，多种因素导致地区间农民攀比消费程度不同。相对来说，经济非常发达地区的农民攀比消费程度较低，多表现为炫耀性消费；经济较发达地区的农民攀比消费程度较高；经济欠发达地区的农民攀比消费程度低；北方地区比南方地区的农民更喜欢攀比消费。

（9）农民的攀比消费存在着差异性。由于农民在性别、年龄、收入、文化程度等方面存在着差异性，因而他们在攀比消费时表现出的程度也不同。一般来说，男性比女性更喜欢攀比，年轻人比老年人更喜欢攀比，收入不同的人在攀比消费上也有差异性。

（10）城乡居民在攀比消费上存在显著差异性。我国城乡之间的差异性导致城乡居民在消费上存在差异性，农村居民多表现为攀比消费，攀比消费的目的是提升自我面子或家庭的面子；城市居民多表现为炫耀性消费，炫耀性消费的目的是显示自己的富有或展示自己的身份和地位。

（11）影响城乡居民攀比消费的因素具有相似性。在农村地区，社会性价值观、自我面子、地位消费、人情消费和模仿消费都在不同程度上影响农民的攀比消费。在城市地区，自我面子、地位消费、人情消费和模仿消费也都在不同程度上影响居民的攀比消费，但是价值观对城市居民攀比消费的影响却不显著。

（12）地位消费对模仿消费和人情消费有显著的影响。在社会生活中，农民追求一种社会地位，想通过地位消费来展现自己的经济实力和能力。在人际交往中，农民易受到相关群体的影响，在生活中自觉地去模仿相关群体的消费行为，借此来保持或提高自己的地位水平。在人情消费中，追求社会地位的农民喜欢到处送大礼来表现自己与众不同，特别是向地位高的人送礼，更是出手阔绰，这样既可以拉近与其的心理距离，又可以培养或加深感情。

（13）在地位消费对攀比消费的影响中，模仿消费和人情消费都是重要的中介变量。在日常的消费中，地位消费影响农民的模仿消费和人情消费。地位消费一方面通过模仿消费和人情消费间接地影响攀比消费，另一方面又直接地影响攀比消费。在这些影响因素中，模仿消费更是一个不可忽视的中介因素。

（14）他人面子对攀比消费的影响不显著。在社会生活中，注重他人面子的人尽管看重人情往来，在人情消费中也时时照顾到他人的面子，如果单纯地为了他人面子而直接攀比送礼，送礼人就会被认为是动机不纯，并引起周围人的非议，在一定程度上也直接影响了送礼人自己的面子。因此，人们很少为了他人面子而盲目攀比消费，也就意味着他人面子对攀比消费的直接和间接影响都不显著。

（15）收入水平影响农民的攀比消费。经方差分析发现，收入对攀比消费的影响显著，这就意味着收入水平影响着人们的消费行为，也影响着人们的攀比消费。家庭条件不同的农民在攀比消费上也有所差异，家庭条件困难的人会借债去攀比消费，多呈现出被动的攀比消费；家庭条件好的人则到处摆阔气，炫耀财富，多表现为主动的攀比消费或炫耀性消费。从研究中也发现，收入并不是影响人们攀比消费的主要因素，这也说明了单纯从经济学角度，以收入水平为自变量来研究攀比消费是不全面的。

（16）中国的传统文化对农村居民的攀比消费影响大。中国传统文化崇尚和谐，注重"家"的观念，因此，农民在消费中会考虑到家庭的面子和社会地位，看重别人的看法和意见，重视个人消费的社会群体效应。农民不论何时何地，也不论贫富贵贱，都追求脸面，遵从社会习俗，追求社会认同感，在仪式消费、祭祀消费、人情消费和住房消费等方面都存在不同程度的攀比消费，将要面子、给面子和礼尚往来作为基本行为规范。

6.2 研究理论贡献

1. 探讨攀比消费及其影响因素，为人们研究攀比消费提供了理论基础

在我国古代，攀比消费就在统治阶级中经常发生，官员们为了一个面子相互攀比。随着社会的发展和人们收入的提高，攀比和攀比消费不仅在上层社会中存在，在普通大众的日常生活中也随处可见，它影响着人们的生活和消费。在我国，攀比消费相对于炫耀性消费而言，普遍性和危害性更大，但是，它却并没有引起国内学者的重视。什么是攀比和攀比消费，人们攀比消费的动机和根源是什么，哪些因素又在影响人们的攀比消费，等等，人们并不是很清楚，学者们也很少去研究它们。本研究从社会学、社会心理学和消费者行为学的视角出发，结合深度访谈和文献分析，探讨了攀比、攀比心理和攀比消费的含义，解释了攀比消费形成的理论基础。根据我国农村居民的实际生活情况，分析了攀比消费形成的原因和影响因素，实证证明了社会性价值观、自我面子、地位消费、人情消费和模仿消费都在不同程度上影响农村居民攀比消费。本研究结合农村居民的实际情况，在理论和实证上得出了有意义的结论，该结论充实了农村居民消费行为研究，丰富了攀比消费方面研究的成果，为人们进一步分析和研究攀比及攀比消费提供了理论基础。

2. 立足于本土化概念，实证研究了价值观对面子和面子对消费行为的影响

我国传统文化源远流长，它在影响和指导人们日常的生活和消费，例如国人的面子文化和人情观念在消费中发挥了重要的作用。尽管国内不少社会学者或社会心理学者从我国的实际出发，在理论上阐述了人情与面子的关系，或深入农村社会通过访谈来定性研究面子和人情对农民生活的影响，但并没有研讨面子对人情消费、地位消费、模仿消费和攀比消费等的影响，实证研究的就更少。现阶段，农民的价值观发生了变化，价值观的改变使农民更加在乎自我面子的得失，进而影响了农民的消费行为，但是很少有学者去实证研究价值观对面子的影响。本研究在文献分析的基础上结合深度访谈，首次把价值观、面子、人情消费、地位消费、模仿消费和攀比消费联系在一起，通过实证表明，价值观影响了面子和人情消费，面子影响了人情消费、模仿消费和地位消费，价值观和面子都直接和间接地影响攀比消费，其中价值观是影响农村居民攀比消费的深层次原因，农民攀比消费的最终目的是为了自我面子。这种从本土化概念出发，实证研究价值观和面子对我国农村居民消费行为影响的方法，在理论上有一定的创新性。

3. 定性和定量研究方法相结合，提出和实证了创新性的概念模型

在文献研究的基础上，通过深度访谈，系统地分析了农村居民攀比消费的成因及其影响因素，在面子磋商理论、社会认同理论和社会比较理论的基础上提出了有创新性的概念模型，理论上有一定的创新。在问卷调查的基础上，运

用 SPSS 17.0 软件和 LISREL 8.70 软件，结合多种统计分析方法，实证研究了价值观、面子、地位消费、模仿消费和人情消费对攀比消费的影响，同时也实证证明了农村居民攀比消费的广泛性、差异性的特点和面子对攀比消费的重要影响以及城乡居民在攀比消费上的差异性。这种定性和定量相结合的研究方法，提高了研究的科学性和严谨性。本研究运用多种研究方法，提出和实证了创新性的概念模型，可以帮助我们更好地揭示农村居民攀比消费和消费行为的密码和特征，也有助于我们更好地理解城乡居民消费的差异性和多样性的特点。

4. 开发了相关概念的测量量表

本研究在文献研究和深度访谈的基础上开发了模仿消费、人情消费和攀比消费的测量量表，经过预调查和最终调查，用统计分析的方法证明了量表的信度和效度。模仿消费和攀比消费各包括四个题项，人情消费包括三个题项，如表 6-2 所示。本研究获得的这三个概念的测量量表可以为学术界和企业界研究人情消费、模仿消费和攀比消费提供研究基础和度量工具。

表 6-2　相关概念度量量表

因子	题项	该因子 Cronbach α
人情消费	送礼要送得体面，双方都有面子	0.741
	送礼是真实表达感情的需要	
	送礼是为了增进感情	
模仿消费	别人有的东西，我也一定要有	0.864
	别人怎么做，我也跟着怎么做	
	别人买了啥，我也跟着买啥	
	每个人都买了，我也要买	
攀比消费	别人过得好，我要比别人过得更好	0.757
	邻居盖了新房，我也要盖而且比邻居盖得好	
	办事情，我就要超过别人	
	别人都这样，自己不能比别人差	

6.3 管理应用

从长期来看,攀比消费抑制了农民的经常性消费,导致农民的消费倾向下降,短期储蓄倾向下降,长期储蓄倾向上升,从而使消费增长缓慢,严重影响国民经济持续健康发展。本书的研究成果可以为当地政府制定相关遏制农村居民攀比消费的措施提供重要的理论依据和指导,也可从社会责任角度为企业开辟农村市场提供指导性建议。

6.3.1 对地方政府的建议

近年来,国家在大力推行社会主义新农村建设,地方政府也在制定相关政策和措施,积极建设和谐的农村社会,抵制农村不良的消费之风。本书对农村居民攀比消费的影响因素进行研究,对地方政府的启示主要表现在以下几个方面。

1. 贫富不均是农村居民攀比消费的温床,为此地方政府要制定和落实相关政策,进一步增加农村居民收入,缩小贫富差距

本书实证研究发现,收入对攀比消费有很大的影响。收入相对较低的村民在日常生活中攀比消费严重,收入较高的村民在日常消费中以炫耀性消费较多,而收入又影响了村民对地位和面子的追求。一些先富裕起来的村民在消费中不断通过炫耀性消费来显示自己有能力、会挣钱,从而提高自己在村民中的地位,也增加了自己及家庭的面子,这引起了周围人的羡慕和模仿,导致低收入者攀比消费。在农村,贫困家庭攀比一般家庭,一般家庭攀比条件好的家庭,条件好的家庭攀比城市居民家庭,这种由收入差距引起的攀比消费存在着层次性和单向性。因此,地方政府应该认真落实相关惠农、惠民政策,支持和鼓励农村居民发展农业生产;对回乡的农民工,鼓励他们在家乡自主创业,并提供创业指导,有针对性地开展相关的知识培训,提供相应的服务。地方政府通过多途径为农民办好事,增加农民的收入,切实解决贫富差距问题,实现共同富裕,以此消除人们攀比心理,控制攀比消费现象的发生。

2. 价值观是影响农村居民攀比消费的一个深层次因素，地方政府应积极倡导农村居民树立正确的价值观

本书实证研究发现，价值观影响面子，价值观和面子都影响地位消费、人情消费、模仿消费和攀比消费，本体性价值观间接影响农村居民攀比消费，社会性价值观直接和间接都影响农村居民攀比消费，从总体来看，价值观是一个重要的影响农村居民攀比消费的深层次因素。当农民以本体性价值观为主时，他们遵循传统的儒家文化，以和为贵，在日常的交往中，农民认为给别人面子也是给自己面子，因此，他们既重视自我面子，也重视他人面子，共同维持农村社会和谐稳定的发展，很少有人为了面子去攀比消费。当现代社会功利主义、金钱至上的观念向农村渗透时，农民的价值观发生了改变，社会性价值观逐渐取代了本体性价值观，改变和重建了农民行动的结构性条件，农民过分看重自我面子。为了自我面子，农民不惜牺牲他人的面子，使村庄团结和睦的气氛遭到破坏，也导致农村出现攀比消费等不良现象。

因此，当地政府要以价值观教育为核心，通过多种方法对农民进行价值观教育，引导他们树立正确的价值观。当地政府可以在每年的重大节日期间，组织各村委会，在海报或村委会宣传栏上用通俗易懂的文字或图片引导农民明白什么是正确的价值观。特别是在春节期间，村委会要发挥舆论导向作用，召开回乡农民工思想交流座谈会，或者安排村干部与回乡的农民工代表进行思想交流，有条件的村委会还可以安排雅俗共赏的娱乐节目，把价值观的教育和宣传融入节目中去。同时，各地县政府利用本地电视媒体，在每天的本地新闻联播中插播价值观教育的节目，以短片或专家讲座的形式，潜移默化地教育农民。

3. 农村居民的非理性行为加速了攀比消费，地方政府应积极引导农民理性消费

农民受教育程度普遍较低，文化程度低的农民在消费中的不理性成分多，又易受到参照群体的影响和情感的支配，盲从于传统风俗习惯，对行动的目的和方法缺乏理性的思考，特别是在建房、结婚嫁女、老人去世、生小孩等各种事件性活动中，冲动性、不理性更加明显。在各种因素的诱使下，盲目模仿和攀比，特别是为了面子而攀比消费的现象更加严重。在人情消费中，传统的

"礼尚往来"的感情交流变成了今天的金钱、礼物的攀比游戏,这种游戏规则影响了村民们的交流和交往;在地位性消费中,农民过于看重商品的符号价值,为了追求社会地位,超前消费也在所不惜;在模仿消费中,农民往往不顾自身经济条件,盲目地去改善生活环境和提高生活质量。这种非理性化的行为加速了农村居民攀比消费。

为此,地方政府要承担起教育农民理性消费的责任,利用多种途径宣传攀比消费的危害性。当地政府应将引导农民走出攀比消费的误区作为农村精神文明建设的重要内容,在农村深入开展宣传教育活动,提高农民理性消费意识,改变农民盲目攀比的消费观念,指导农民勤俭节俭办红白喜事,从而在农村建设节约型社会,构建和谐社会。例如,地方各级政府可以利用建设社会主义新农村的契机,采用文化下乡或宣传车教育农民攀比消费的危害性,或者在各村群众经常聚会的地方张贴图文并茂的图片,或者采取墙体广告的形式,甚至还可以采取电视新闻报道的方式,报道本地区近期村民攀比消费的新闻,以引起村民们的讨论和反思。当地政府通过多途径引导农民合理消费,把有限的资金投入到扩大生产中去。

4. 模仿消费作为一个重要的中介因素直接影响了农村居民的攀比消费,为此当地政府应想方设法减少农民模仿消费的倾向,并积极引导农民从模仿消费转向模仿致富

由于农村基础建设比较滞后,交通不方便,商品流通体系不完善,商品信息流通也比较封闭,使农民在消费中的自由选择权受到限制,无形之中增加了模仿消费的动机。在自我面子、社会性价值观和地位消费等因素影响农村居民攀比消费的过程中,模仿消费发挥了重要的中介作用。模仿消费作为影响农村居民攀比消费的重要因素之一,既受到了农村市场环境不完善的影响,又受到了农村精英村民的示范效应的影响。农村精英村民是通过科学劳动或手艺先富裕起来的人,他们的日常消费行为对普通村民有一定的影响,特别是在住房、婚丧嫁娶等事件性活动中对村民的影响更大。

因此,当地政府要筹措资金,加强农村道路建设,积极做好"村村通"工程,使农村各行政村公路和通组、通户的公路相互通达,逐步缓解农村"运输

难"问题，从而彻底解决商品流通难的问题。另一方面，对先富裕起来的精英村民，当地政府或村干部应加强与他们的思想沟通，创造条件并引导他们把资金投入到生产上，并在村庄里宣传他们致富的方法，安排他们与村民交流自己的致富经，使农民学习他们的致富之道。在有条件的农村地区，地方政府可以优先安排精英村民做村干部，发挥精英村民的智慧和能力，让他们带领村民共同富裕。通过构建流通体系来完善市场环境和发挥精英村民的模范带头作用，既可以减少农民模仿消费的倾向，又可以使农民走上致富之路。

6.3.2 对企业的建议

研究中发现多种因素影响农村居民攀比消费。对农民来说，攀比消费是百害而无一利的；对企业来说，攀比消费促进了短期利润的增加，但影响了长期利润的实现。基于此，企业开辟农村市场时应有所为有所不为，从而促进企业长远发展。

1. 攀比消费短期内增加了企业产品销量，长期内却阻碍了企业的发展，为此企业应规划发展目标，引导农民适度消费，从而促进企业可持续发展

在现阶段，农村居民的收入还相对较低，贫富差距也比较大，农民为了攀比消费而不顾自己的经济实力，没有从长远的角度考虑，而是盲目地、无计划地去超前消费或借债消费。从短期来看，攀比消费增加了农民的即期消费，提高了产品的销量，增加了企业的利润；从长期来看，攀比消费抑制了农民的经常性消费和长期消费，在相当长的时间内限制了他们的购买意愿，减少了对产品的需求，导致企业产品供过于求，产品积压严重，使企业的盈利目标无法实现，阻碍了企业的可持续发展。攀比消费导致人们经常追逐消费热点，使企业为适应消费热点而生产出来的产品很快就被淘汰了，造成企业开发新产品的速度不断加快和产品的成本不断增加。因此，企业在制定营销战略时，应规划企业未来的发展目标，长远地、均衡地分配企业有限的资源，适度开发农民需要的产品，引导农民合理消费，理性购买所需产品，促使农民的消费均衡地、合理地、持续地增长，从而保证企业的现金流不断增加，有利于企业长远发展。

2. 攀比消费导致农民提前消费或借贷消费，影响了农民正常生产和生活，企业应以社会责任为己任，避免刺激农民攀比消费

现阶段，商业广告不断鼓吹上层社会的生活方式是人们应该追求和享受的生活方式，刺激了农村居民攀比的欲望，使农民不切实际地追求城市居民的生活方式，正如美国消费主义学者朱丽特·斯戈指出的，普通观众通过看电视，在无形之中提高了正常的生活水平。同时，农民对商品知识的了解不充分，消费中非理性成分多，冲动性购买欲望强，在参照群体的影响下和商业广告的刺激下，他们在消费中从众、模仿、攀比。在面子观念的支配下，农民更热衷于攀比消费。攀比消费导致农民提前消费或借贷消费，在农民收入水平有限的情况下，农民之间、农民与城市居民之间的贫富差距不断扩大。攀比消费不仅影响了农民正常生产、生活和人际交流，也阻碍了农村地区经济发展，使农村社会处于一种恶性的运行状态中。

因此，在建设节约型社会的过程中，企业应承担相应的社会责任，树立社会市场营销观念，注重社会利益、消费者利益和企业利益。企业在制定营销策略时，应有所为有所不为，引导农民理性消费。在广告制作上要以事实为标准，在广告传播上要选择合适的媒体，向农村居民传递真实的产品信息和生活信息，不要夸大宣传，弄虚作假，更不能以名人为代言人在农村市场宣传奢侈品消费和可望不可即的生活方式。同时，企业应协调社会利益、消费者利益及企业利益三者之间的关系，不要为了追求短期利润，盲目刺激农民攀比消费，更不能利用农民好攀比的消费心理，做骗农、坑农的事情，侵害农村居民消费权益。

3. 攀比消费导致企业产品结构不合理，增加了农民的消费负担，企业应采取适宜的产品策略，满足农民的消费需求，降低农民攀比消费的欲望

受传统文化的影响，农民在消费中很看重产品的质量、功能、价格等，简单实用、经久耐用、物美价廉是他们选择商品的标准。现阶段，企业为了迎合和刺激人们的攀比消费，调整相关产品线或产品项目，专门生产符号价值高的产品，以满足少数高收入群体的炫耀性消费或奢侈品消费需求，而农民真正需要的价廉物美的产品企业却不去生产，从而导致企业产品结构失衡，造成符号价值高的产品供过于求，普通大众急需的产品却供不应求或买不到，无形之中增加了农民的消费负担。

因此，企业应当转变经营观念，从市场营销观念出发，合理安排产品的设计、开发和生产，调整产品结构，扩大产品线，增加产品项目，既要满足广大农村居民的消费需求，生产或提供农民需要的产品和服务，也要满足少数高收入群体的需要。企业只有真正服务农村居民，制定适宜的产品策略，向农村市场提供能满足产品核心需求且在产品质量、功能和价位上相似的产品，才能有效防止农民为追求地位消费而盲目购买符号价值高的产品，也可以减少农民在模仿消费中攀比的倾向，在一定程度上能降低农村居民攀比消费的欲望。

4. 模仿消费对农村居民攀比消费影响非常大，而农民模仿消费的外因是市场环境不完善，企业应加强农村市场环境建设，进一步完善市场环境，减少农民模仿消费的倾向

实证研究表明，在影响农村居民攀比消费的诸因素中，模仿消费作为一个重要的中介因素，对攀比消费的影响非常大。尽管参照群体对农村居民的模仿消费有很大的影响，但在广大农村地区，农民在消费中模仿性、攀比性较强的外因主要是农村市场环境不完善。从产品购买过程来看，农村消费环境相对城镇来说闭塞得多，农民了解产品信息的渠道非常有限，并且商品信息流通不畅，导致绝大多数农民缺乏足够的知识和经验，他们在信息收集、产品选择及购买决策上往往征求和依赖别人的建议，从而使他们容易产生模仿消费。从购买地点来看，农村大型购物场所非常少，日常的消费品主要是在村庄附近的小型便利店、夫妻店购买，家电类产品主要是在集市上家电购物中心购买，但家电购物中心产品品种有限且地理位置比较集中，使农民缺乏选择能力，这为农民模仿消费奠定了客观基础。这种市场环境的不完善性，使农民在消费中没有自己的消费标准；在盲目模仿的情况下，农民受面子观念支配，在模仿中攀比消费。

因此，企业在开辟农村市场时，首先要加强市场环境建设，进一步完善市场环境。农村市场作为城市的"长尾市场"，随着基础设施的不断完善，商品的存储或物流成本会不断降低，为此企业要在渠道建设上下功夫，建立高效的分销网络，以较低的成本扩大市场覆盖面，丰富商品品种，加强信息流通，增加销售网点。有条件的企业可以借鉴"万村千乡"的概念模式，以县城为立足点，

建立批发中心，形成"制造企业—县级批发商—村级零售商—农户"的渠道网络。在终端服务上，企业可以建立"县级专卖—镇连锁店—专职信息员"的销售服务网络，同时还要提供相应的售前、售中和售后服务。通过渠道建设，解决农民"买难"问题，方便农民购买；通过完善终端服务，使农民买得放心，用得舒心，维修起来省心。企业通过市场环境建设，可以使农民多途径了解商品信息，增加选择商品的机会，理性选购商品，减少模仿消费，从而降低攀比消费。

5. 实证研究表明，价值观是影响农村居民的面子、地位消费、人情消费、模仿消费和攀比消费的根源，价值观不同的人在消费行为上也存在差异性，企业应从价值观和生活方式的角度细分农村市场

本书实证研究发现，农村居民的价值观对面子有直接的影响，对地位消费、人情消费、模仿消费和攀比消费既有直接的影响，也有间接的影响，价值观是影响农村居民消费行为的根源。随着社会的变迁和时代的发展，农村居民的价值观和生活方式也在发生变化，社会性价值观逐渐取代本体性价值观，享乐型生活方式逐渐取代勤俭节约型的生活方式，农民追求自我面子和地位消费，在地位消费、人情消费和模仿消费中通过比较而不断攀比消费。在消费者占主导的今天，人们的欲望并不是简单地满足物质需要，更多的是满足情感和心理的需要，追求自我实现的需要，正因为这样，在农村居民消费过程中，心理因素发挥了重要作用。

Kotler 认为，生活方式是人们以活动、兴趣和观点的形式表现出来的生活模式。Cosmas 提出，生活方式不同的消费者对产品或服务有着不同的需要，消费模式也存在明显差异。国外企业早已把价值观和生活方式作为市场细分的主要依据之一，国内对生活方式的研究还不成熟，以价值观和生活方式作为市场细分的企业还是非常少的。企业按照传统的人口细分或地理细分的标准来细分农村市场，是不能真正了解农村居民消费特点的，而价值观和生活方式是通过需要和态度来影响消费者购买行为的。价值观和生活方式在人们的消费过程中扮演了重要的角色，它能从多个维度全面认识和细分消费者。从价值观和生活方式的角度细分农村市场，企业就可以紧跟时代的步伐，把握农村消费者的消费心理，了解他们消费的特点。

6.4 研究局限性和未来研究方向

本研究虽然绝大部分基本假设得到验证，研究结论也有一些新的发现，研究方法也是定性研究和定量研究相结合，但也存在局限性和未来需要进一步研究的地方。

6.4.1 研究局限性

1. 样本覆盖面不够全面

由于经费的限制，本研究的问卷调查没有采取随机抽样而是采用了方便抽样方法，在全国 30 个省、区、直辖市的农村地区抽取了有效样本 1596 个，虽然样本数量符合研究要求，但样本的代表性还有待提高。特别是我国农村地区地域广，人口众多，东西南北跨度大，各地区农村居民在风俗礼仪、消费习惯、亚文化背景等方面都有较大的差异，各个民族之间的消费习惯差异也很明显。因此，不同地区的农村居民攀比消费的差异性也比较大，严格说来，只有在农村地区的每一个村庄随机抽取具有足够代表性的样本，才能使研究的结论具有普遍性。本研究的样本主要分布在湖北、江西、四川、云南等地的农村地区，其他省份的样本数量相对较少，这在某种程度上限制了本研究结论的普适性和推广性。

2. 调查过程存在瑕疵

由于我国农村地区的经济发展水平和基础教育水平存在差异性，农村居民文盲率和半文盲率较高，不少农民不识字，有些少数民族地区的农民根本就不认识汉字，这使问卷调查的难度增大。调查员在实际调查中针对上述情况有选择地选取了调查对象，即在一个村庄中首先选取识字的农民进行调查，如果识字的农民太少，调查员就每题逐字逐句地念给农民听，或作相应的解释，听完之后让农民在 1~7 中选择相应的数字代表他的看法。在调查中，调查员的解释或说明可能在一定程度上对被调查者存在着诱导倾向，从而影响了调查问卷的质量，在调查中首先选择识字的农民也影响了样本的代表性。农村居民的实际情况使调查过程中存在着难以克服的困难。

3. 影响攀比消费的因素可能不全面

中国传统文化博大精深,各个农村地区的民族风俗习惯也很多,社会化进程速度在不断加快,市场经济在逐步繁荣和发展,多种因素交织在一起影响农村居民的攀比消费。消费者行为学认为,人们的消费行为受到文化、社会、个人和心理等因素的影响,因此,农村居民的攀比消费行为也会受到文化、社会、个人和心理等多种因素的影响。本研究中并没有从文化、社会、个人和心理四个方面来一一研究影响农村居民攀比消费的所有因素,只是研究了几个主要影响因素,这就不可避免地忽略了某些因素,如儒家文化、西方消费主义享乐文化、参照群体等,特别是参照群体对人们的消费行为有很大的影响,这些因素需要在以后的研究中进行充实和完善。

6.4.2 未来研究方向

1. 攀比消费的维度研究

西方学者在研究炫耀性消费和奢侈品消费时,都是从多个维度来测量这两个概念的,这种多维度测量能使研究的概念更加清晰和具体,也能多方面反映人们消费的动机。为了更能准确地表达攀比消费的含义,研究人们攀比消费的心理动机,笔者认为也有必要从多维度来测量攀比消费,需要重新开发攀比消费测量量表,使攀比消费的测量量表更具有普遍适用性。由于开发量表的过程是一个相对复杂的过程,需要在以后的研究中不断去完善。

2. 攀比消费与炫耀性消费的区别研究

攀比消费和炫耀性消费都是由人的虚荣心引起的,在西方的文献中,关于攀比消费的研究非常少,关于炫耀性消费的研究则较多。凡勃伦认为,炫耀性消费是指有闲阶级把购买商品作为展示其身份和地位的一种方法,炫耀性消费是决定个人消费行为的重要因素,它不仅适用于富裕阶层,也适用于所有社会阶层。目前,攀比消费和炫耀性消费这两种消费形式在中国还是比较普遍的,它们相互渗透、相互影响,在社会生活中,几乎所有家庭或个人都存在不同程度的攀比消费,部分个人或家庭还存在着程度较高的炫耀性消费。我国城市居民消费方式主要表现为炫耀性消费,农村居民消费方式主要表现为攀比消费,富裕阶层消费方式表现为奢侈品消费。那么，攀比消费和炫耀性消费之间有何差异性和相似性，如何区分它们，这些问题需要在以后的研究中加以回答。

3. 攀比消费地区差异性研究

我国农村市场差异性非常明显。一是地区间经济发展的差异。东部农村地区发展非常迅速，中部农村地区正在加快发展，西部农村地区发展速度不及东中部地区。二是地区间消费环境的差异。基础设施、地理环境的不同造成了不同地域的农村居民需求差异性。三是同一村庄中不同家庭之间的消费差异性也比较大。市场的差异性造成农村居民在攀比消费上存在差异性，而本书的实证研究也表明地区间攀比消费差异性的存在。问题是，如果攀比消费的测量是多维度的，那么各地区在多维度上的差异性又是怎样的，这就需要在未来做进一步的研究。

4. 城乡居民攀比消费比较研究

在本书中，笔者虽然对城乡居民之间的攀比消费行为作了一个简单的比较研究，发现城乡居民在攀比消费上存在着差异性，但影响城乡居民攀比消费的因素却具有相似性。由于本书有选择性地选取了四个城市，导致城市居民的样本代表性不高，而且研究中是把城市居民作为一个总体，农村居民作为一个总体，研究两个总体之间攀比消费的差异性，研究结论普适性不高。为了使研究结论具有推广性和普适性，在未来的研究中有必要先研究同一个地区的城乡居民在攀比消费上的差异性，然后研究不同地区间城乡居民攀比消费的差异性，这样才能全面地了解城乡居民攀比消费的差异性及其原因。

5. 农村居民攀比消费的动态性研究

在西方社会，随着社会的进步和人们生活水平的提高，人们的消费形式由模仿邻居消费的攀比消费发展到炫耀性消费，继而由炫耀性消费发展到奢侈品消费。在国内的一些大城市，如北京、上海和广州，人们的消费也逐渐从攀比消费发展到奢侈品消费。那么，在我国农村社会，随着人们生活水平的提高，农村居民是否也会从攀比消费慢慢发展到炫耀性消费或奢侈品消费，这种变化对农民的生产和生活又会有什么样的影响，这些问题需要在未来的研究中进一步探讨。

参考文献

[1] 陈学明，吴松，远东. 痛苦中的安乐：马尔库塞、弗洛姆论消费主义[M]. 昆明：云南人民出版社，1998.

[2] 陈柏峰，郭俊霞. 农民生活及其价值世界[M]. 济南：山东人民出版社，2009.

[3] 陈之昭. 面子心理的理论分析与实际研究[M]//翟学伟. 中国社会心理学评论：第二辑. 北京：社会科学文献出版社，2006.

[4] 成中英. 脸面观念及其儒学根源[M]//翟学伟. 中国社会心理学评论：第二辑. 北京，社会科学文献出版社，2006.

[5] 程士安，等. 消费者洞察[M]. 北京：中国轻工业出版社，2003.

[6] 迪姆·梅. 社会研究问题、方法与过程[M]. 李祖德，译. 北京：北京大学出版社，2009.

[7] 凡勃伦. 有闲阶级论[M]. 北京：商务印书馆，2007.

[8] 菲利普·科特勒. 营销管理[M]. 11版. 梅清豪，译. 上海：上海人民出版社，2004.

[9] 费孝通. 乡土中国[M]. 南京：江苏文艺出版社，2007.

[10] 风笑天. 社会学研究方法[M]. 北京：中国人民大学出版社，2009.

[11] 符国群. 消费行为学[M]. 武汉：湖北人民出版社，2002.

[12] 郭庆光. 传播学教程[M]. 北京：中国人民大学出版社，1999.

[13] 谷中原. 农村社会学新论[M]. 武汉：武汉大学出版社，2010.

[14] 林崇德，杨治良，黄希庭. 心理学大辞典（上）[M]. 上海：上海人民出版社，2003.

[15] 黄光国，胡先缙，等. 面子：中国人的权力游戏[M]. 北京：中国人民大学出版社，2004.

［16］胡先晋. 中国人的脸面观［M］//翟学伟. 中国社会心理学评论：第二辑. 北京：社会科学文献出版社，2006.

［17］胡维平. 中国都市消费者行为分析［M］. 上海：上海财经大学出版社，2006.

［18］贺雪峰. 什么农村，什么问题［M］. 北京：法律出版社，2008.

［19］侯杰泰，温忠麟，成子娟. 结构方程模型及其应用［M］. 北京：教育科学出版社，2004.

［20］姜彩芬. 面子与消费［M］. 北京：社会科学文献出版社，2009.

［21］金耀基. "面"、"耻"与中国人行为之分析［M］//金耀基自选集. 上海：上海教育出版社，2002.

［22］康来云. 中国农民价值观的变迁［M］. 郑州：河南人民出版社，2008.

［23］梁良. 从众［M］. 上海：东方出版社，2007.

［24］乐国安. 社会心理学［M］. 广州：广东高等教育出版社，2006.

［25］凌文辁，方俐洛. 心理与行为测量［M］. 北京：机械工业出版社，2003.

［26］林语堂. 吾国与吾民［M］. 北京：外语教学与研究出版社，1998.

［27］刘军. 管理研究方法：原理与应用［M］. 北京：中国人民大学出版社，2008.

［28］刘豪兴. 农村社会学［M］. 2版. 北京：中国人民大学出版社，2008.

［29］鲁迅. 且介亭杂文·"说面子"［M］//鲁迅全集：第六卷. 北京：人民文学出版社，1981.

［30］卢泰宏. 中国消费者行为报告［M］. 北京：中国社会科学出版社，2005.

［31］卢泰宏，杨晓燕，张红明. 消费者行为学：中国消费者透视［M］. 北京：高等教育出版社，2005.

［32］迈克·彭，等. 中国人心理［M］. 邹海燕，等译. 北京：新华出版社，1990.

［33］明恩溥. 文明与陋习：典型的中国人［M］. 舒扬，等译. 太原：书

海出版社,2004.

[34] 纳雷希·K. 马尔霍特拉. 市场营销研究:应用导向 [M]. 4版. 涂平,译. 北京:电子工业出版社,2006.

[35] 潘煜. 影响中国消费者行为的三大因素 [M]. 上海:上海三联书店,2009.

[36] 彭华民. 消费社会学 [M]. 天津:南开大学出版社,1996.

[37] 邱皓政,林碧芳. 结构方程模型的原理与应用 [M]. 北京:中国轻工业出版社,2009.

[38] 王宁. 消费社会学 [M]. 北京:社会科学文献出版社,2001.

[39] 王建国. 争名的经济学:位置消费理论 [M] // 汤敏,茅于轼. 当代经济学前沿专题:第3集. 北京:商务印书馆,2000.

[40] 夏征农,陈至立. 辞海 [M]. 6版. 上海:上海辞书出版社,2009.

[41] 阎云翔. 礼物的流动:一个中国村庄中的互惠原则与社会网络 [M]. 李放春,刘瑜,译. 上海:上海人民出版社,2000.

[42] 杨中芳. 如何理解中国人:文化与个人论文集 [M]. 重庆:重庆大学出版社,2009.

[43] 杨晓燕. 中国女性消费行为理论解密 [M]. 北京:中国对外经济出版社,2003.

[44] 阳翼. 中国独生代消费行为研究 [M]. 广州:暨南大学出版社,2008.

[45] 姚建平. 消费认同 [M]. 北京:社会科学文献出版社,2006.

[46] 俞国良. 社会心理学 [M]. 北京:北京师范大学出版社,2007.

[47] 张琳琳,黎亮. 面子 [M]. 重庆:重庆出版社,2006.

[48] 翟学伟. 人情、面子与权力的再生产 [M]. 北京:北京大学出版社,2005.

[49] 中国社会科学院语言研究所词典编辑室. 现代汉语词典 [M]. 2002年增补本. 北京:商务印书馆,2004.

[50] 国家统计局. 中国统计年鉴(2008)[M]. 北京:中国统计出版社,2008.

[51] 国家统计局. 中国统计年鉴（2009）［M］. 北京：中国统计出版社，2009.

[52] 周晓虹. 现代社会心理学：多维视野中的社会行为研究［M］. 上海：上海人民出版社，1997.

[53] 周美伶，何友晖. 从跨文化的观点分析面子的内涵及其在社会交往中的运作［M］//翟学伟. 中国社会心理学评论：第二辑. 北京：社会科学文献出版社，2006.

[54] 朱瑞林. 中国人的社会互动：论面子的问题［M］//翟学伟. 中国社会心理学评论：第二辑. 北京：社会科学文献出版社，2006.

[55] 佐斌. 中国人的脸与面子：本土社会心理学探索［M］. 武汉：华中师范大学出版社，1997.

[56] 曹子夏. 中国人的"面子"与奢侈品消费［J］. 经营与管理，2006（8）：20－21.

[57] 曹水群. 分析农民消费心理 开拓农村消费市场［J］. 西藏民族学院学报（哲学社会科学版），2000（4）：65－70.

[58] 曹虹剑，姚炳洪. 对从众消费行为的分析与思考［J］. 消费经济，2003（5）：43.

[59] 曹国厂. 农村葬礼高消费警示［J］. 决策与信息，2006（4）：58－59.

[60] 陈柏峰. 村庄生活中的面子及其三层结构：赣南版石镇调查［J］. 广东社会科学，2009（1）：168－174.

[61] 陈柏峰，郭俊霞. 也论"面子"：村庄生活的视角［J］. 华中科技大学学报（社会科学版），2007（1）：99－105.

[62] 陈文超. 消费视野下农民阶层结构的分析：基于一个村庄的研究［J］. 2006年中国社会学学术年会论文.

[63] 陈虎强. 论面子观念：一种中国人典型社会心理现象的分析［J］. 湖南师范大学社会科学学报，1999（1）：111－115.

[64] 程秀波. 消费主义及其伦理困境［J］. 河南师范大学学报（哲学社会

科学版),2004(5):77-80.

[65] 成达建. 面子:管理中难以回避的文化差异问题[J]. 企业活力,2004(8):60-61.

[66] 杜保丽. 炫耀性消费的社会学解读及其意义[J]. 江苏教育学院学报(社会科学版),2008(4):59-61.

[67] 楚国良. 中国农民问题"三问". [EB/OL]. (2007-04-17)[2021-06-15]. http://blog.gmw.cn/u/20686/archives/2008/15826.html.

[68] 易世杰. 企业职工的攀比心理问题[J]. 管理现代化,1989(4):18.

[69] 范杰民. 论消费攀比行为对国民经济的影响[J]. 湘潭大学学报(社会科学版),1989(2):23-26.

[70] 冯小双. 面子文化的位置:农村妇女消费观调查[J]. 21世纪,1995(3):10-13.

[71] 冯志颖. 攀比心理[J]. 开卷有益,2009(11):26-27.

[72] 葛云伦. 浅谈消费中的攀比行为[J]. 学术论坛,1988(4):44-45.

[73] 管爱华. 新中国成立以来农民本体性价值观的变迁[J]. 探索与争鸣,2009(10):53-55.

[74] 管爱华. 中国农民本体性价值观的传承与变迁:以苏北乡村为例[J]. 淮阴师范学院学报,2009(5):575.

[75] 韩静. 社会认同理论研究综述[J]. 山西煤炭管理干部学院学报,2009(1):55-57.

[76] 胡双喜,卿秋艳. 农村人情现象解析:以湖南邵阳严塘村为个案[J]. 湖南农业大学学报(社会科学版),2008(12):55-60.

[77] 胡昌方. 礼多村民忧[J]. 乡镇论坛,2001(3):39.

[78] 胡杰成. 理性或非理性?——试析目前农民人情消费之风[J]. 调研世界,2004(12):38-40.

[79] 胡才东. 农村人情消费面子观[J]. 中国供销商情·村官,2006

(5): 40-41.

[80] 黄佑安, 陈有川, 等. 物质主义、金钱态度、虚荣特性、消费者我族主义与产品购买意愿关系之研究: 以学生与家长为例[J]. 管理与资讯学报, 2006 (11): 25-52.

[81] 贺雪峰. 农民价值观的类型及相互关系: 对当前中国农村严重伦理危机的讨论[J]. 开放时代, 2008 (3): 51-58.

[82] 贺雪峰. 中国农民价值观的变迁及对乡村治理的影响[J]. 学习与探索, 2007 (5): 12-14.

[83] 贺培育, 黄海. "人情面子"下的权力寻租及其矫治[J]. 湖南师范大学社会科学学报, 2009 (3): 57-60.

[84] 贺建平. 消费社会的炫耀性消费与广告的意义建构[J]. 2006年中国传播学论坛论文, 2006: 879.

[85] 姜彩芬. 面子与消费: 基于结构方程模型的实证分析[J]. 广州大学学报, 2009 (10): 56.

[86] 姜汝祥. 导致攀比行为的诸因素分析[J]. 经济问题, 1987 (6): 22-25.

[87] 姜岩, 韩秋月. 营销情境中的炫耀性消费理论述评[J]. 湖北经济学院学报, 2007 (4): 71-76.

[88] 姬兴华. 改革中攀比心理的特性及其成因[J]. 合肥教育学院学报, 2003 (2): 25-27.

[89] 金盛华, 辛志勇. 中国人价值观研究的现状及发展趋势[J]. 北京师范大学学报(社会科学版), 2003 (3): 56-64.

[90] 金晓彤, 陈艺妮. 我国农村居民人情消费的动机分析[J]. 消费经济, 2008 (10): 52.

[91] 康来云. 改革开放以来中国农民价值观变迁的共性特征[J]. 郑州大学学报(哲学社会科学版), 2009 (9): 47-50.

[92] 康来云. 改革开放30年来中国农民价值观变迁的总体评价[J]. 中州学刊, 2009 (5): 122-126.

［93］李伟民. 论人情：关于中国人社会交往的分析和探讨［J］. 中山大学学报（社会科学版），1996（2）：57－64.

［94］李宝库. 中国农村居民消费模式及行为特征研究［J］. 管理世界，2005（4）：85－98.

［95］李宝库. 我国农村居民消费模式及消费行为特征研究［J］. 中国市场学会2006年年会暨第四次全国会员代表大会论文集，2006：821－842.

［96］李建春. 论当代中国农民价值观念的变迁［J］. 华北电力大学学报（社会科学版），2001（3）：69－71.

［97］林昭棠. 攀比心理也有积极作用［J］. 探索与争鸣，1988（3）：49.

［98］林成福. 社会转型期农民的价值观与生活方式［J］. 甘肃行政学院学报，2004（1）：45－47.

［99］刘晓梅，雷祺. 基于长尾理论的中国农村市场开拓策略［J］. 经济理论与经济管理，2009（6）：65－68.

［100］刘永生. 我国农村市场的攀比效应分析［J］. 现代商贸工业，2009（3）：146－147.

［101］刘艺. 论农村人情消费［J］. 湖南社会科学，2008（5）：200.

［102］刘继富. "面子"定义探析［J］. 社会心理科学，2008（5）：30－36.

［103］刘红红. 论地位消费规则［J］. 云南社会科学，2003（5）：11.

［104］刘玉良. 消费、炫耀性消费和浪费：一个经济学的分析［J］. 社会科学辑刊，2006：101.

［105］袁纯清. 改革开放以来农民价值观变迁轨迹及其原因［J］. 沈阳农业大学学报（社会科学版），2019（5）：625－630.

［106］刘宇伟. 消费者行为研究的社会科学视角与中国本土化研究的主题［J］. 中国流通经济，2007（10）：52－55.

［107］刘飞. 从生产主义到消费主义：炫耀性消费研究述评［J］. 社会，2007（4）：136－151.

［108］刘涛，赵晓峰. 价值观念的变迁与农民自杀［J］. 社会科学论坛，2009（10上）：146－150.

[109] 刘军. 农村人情消费的经济学思考 [J]. 消费经济, 2004 (4): 17-20.

[110] 刘建荣. 社会转型时期农民价值观念的冲突 [J]. 湖南师范大学社会科学学报, 2005 (5): 28-31.

[111] 刘豪兴. 认识中国社会: 费孝通社会研究方法述评 [J]. 社会, 2004 (1): 4-10.

[112] 刘世雄, 周志民. 从世代标准谈中国消费者市场细分 [J]. 商业经济文荟, 2002 (5): 19-21.

[113] 卢泰宏, 张红明, 杨晓燕. 面子消费与关系消费 [J]. 销售与市场, 2004 (2): 30-36.

[114] 罗海玲. 解析炫耀性消费的动机 [J]. 考试周刊, 2009 (24): 234-236.

[115] 宁启文. 农村建房盲目攀比应引起重视 [N]. 农民日报, 2007-05-12 (1).

[116] 潘煜. 中国传统价值观与顾客感知价值对中国消费者消费行为的影响 [J]. 上海交通大学学报 (哲学社会科学版), 2009 (3): 53-61.

[117] 秦广强. 农村人情及人情消费的变迁: 鲁西北A村调查 [J]. 莱阳农学院学报 (社会科学版), 2006 (9): 16-18.

[118] 秦永州. 传统农民价值观念的内省 [J]. 中国农村观察, 2002 (5): 55-60.

[119] 青春, 周娜. 新农村婚姻怪现状 [J]. 记者观察, 2005 (9): 14-16.

[120] 沈毅. "仁" "义" "礼" 的日常实践: "关系" "人情" 与 "面子" ——从 "差序格局" 看儒家 "大传统" 在日常 "小传统" 中的现实定位 [J]. 开放时代, 2007 (4): 88-104.

[121] 疏仁华. 当代青年农民婚姻消费的特点及原因探析: 以铜陵市农村为例 [J]. 消费经济, 2006 (4): 55-58.

[122] 宋丽娜. "面子" 与村庄权威结构的再造: 以税务场村为例 [J]. 中共南京市委党校学报, 2009 (6): 16-19.

[123] 孙旖旎. 浅析中国炫耀性消费文化 [J]. 中共郑州市委党校学报, 2008 (1): 85-86.

[124] 谭浩俊. 盲目攀比下的中国式浪费 [N]. 新华网, 2009-08-23.

[125] 田俊秀. 宁夏西海固地区农民婚姻消费探析 [J]. 宁夏党校学报, 2001 (5): 38-40.

[126] 王宁. "两栖"消费行为的社会学分析 [J]. 中山大学学报 (社会科学版), 2005 (4): 71-77.

[127] 王宁. 消费与认同 [J]. 社会学研究, 2001 (1): 4-14.

[128] 王宁. 国家让渡论:"有关中国消费主义成因的新命题" [J]. 中山大学学报 (社会科学版), 2007 (4): 1-8.

[129] 王茂胜, 雷才丽, 操文锋. 农村青年婚事畸形消费状况透析 [J]. 河北青年管理干部学院学报, 2006 (9): 35-38.

[130] 王慧芳, 王晔. 中国居民位置消费行为的实证分析 [J]. 当代经济科学, 2004 (1): 48.

[131] 王轶楠. "和而不同"的社会心理学分析 [J]. 中国社会科学院研究生院学报, 2008 (5): 110.

[132] 王轶楠. 有关自我增强跨文化普遍性的争论 [J]. 心理科学进展, 2005 (6): 822-827.

[133] 王轶楠, 杨中芳. 中西方面子研究综述 [J]. 心理科学, 2005, 28 (3): 398-401.

[134] 王志, 等. 辛辛苦苦大半年, 过年填了"人情钱" [N]. 新华每日电讯, 2007-02-27 (4).

[135] 王婧慧. 社会比较与产品类别对补偿性消费的影响 [D]. 台北: 东吴大学, 2009.

[136] 汪永涛. 作为乡村社会控制手段的"面子": 涵义、特征、运行机制 [J]. 天津行政学院学报, 2009 (4): 56-60.

[137] 汪永涛. 村庄类型与面子竞争异化 [J]. 农业考古, 2009 (3): 67-68.

[138] 汪永涛. 乡村社会"面子"的运行机制 [J]. 江西社会科学, 2009 (1): 180-184.

[139] 汪永涛. 村庄日常生活中的面子竞争机制: 以江西 y 村为个案 [D]. 武汉: 华中科技大学, 2007.

[140] 温忠麟, 侯杰泰, 张雷. 调节效应与中介效应的比较和应用 [J]. 心理学报, 2005, 37 (2): 268-274.

[141] 吴秀丽, 由能玉. "人情消费"现象透视 [J]. 理论观察, 1994 (6): 34-35.

[142] 吴燕民, 金岩. 关于农村青年结婚花费研究 [J]. 牡丹江师范学院学报 (哲学社会版), 2007 (2): 138-139.

[143] 吴子成. 消费之从众心理与攀比心理比较 [J]. 中学政治与教学参考, 2007 (10): 29.

[144] 乌裕尔. 不盲目攀比 [N]. 经济日报·农村版, 2006-07-31 (A02).

[145] 肖娟. 农村丧葬中的面子意识: 以湖南某农村的一次丧葬为例 [J]. 高等教育与学术研究, 2009 (5): 170-173.

[146] 徐富珍. 社会比较的效果: 对个人情感、认知及行为之影响研究 [D]. 台北: 台湾政治大学, 1998.

[147] 邢淑芬, 俞国良. 社会比较研究的现状与发展趋势 [J]. 心理科学进展, 2005 (1): 78-84.

[148] 邢淑芬, 俞国良. 社会比较: 对比效应还是同化效应 [J]. 心理科学进展, 2006 (6): 945.

[149] 杨晓燕. 中国消费者行为研究综述 [J]. 经济经纬, 2003 (1): 56-58.

[150] 杨宜音. 人际关系的建立与保持: 农村人情消费分析 [J]. 社会心理科学, 1998 (4): 5-15.

[151] 杨华. 湘南宗族性村落的面子观 [J]. 华中科技大学学报 (社会科学版), 2007 (1): 106-111.

[152] 杨华. 农村人情的性质及其变化 [J]. 中南财经政法大学研究生学报, 2008 (1): 417.

[153] 杨天宇, 文焕瑾. 我国农户消费倾向"名高实低"现象研究 [J]. 华北电力大学学报 (社会科学版), 2008 (1): 26-30.

[154] 杨敬舒. 西方社会学消费理论综述: 对中国消费欲望膨胀的社会学解释 [J]. 生产力研究, 2009 (14): 184-186.

[155] 杨敬舒, 晁钢令. 中国居民攀比性消费行为的成因和影响研究 [J]. 消费经济, 2009 (6): 51-54.

[156] 杨敬舒. 中国居民攀比性消费行为影响因素的实证研究 [J]. 西北大学学报 (哲学社会科学版), 2010 (1): 106-111.

[157] 阳翼. 农村消费者行为特征与营销对策 [J]. 市场营销导刊, 2009 (6): 36-38.

[158] 叶楚华. 炫耀性消费的经济学原理 [J]. 世界经理人周刊, 2006 (5): 27.

[159] 袁少锋, 高英, 郑玉香. 面子意识、地位消费倾向与炫耀性消费行为: 理论关系模型及实证检验 [J]. 财经论丛, 2009 (5): 81-86.

[160] 袁松. 消费文化、面子竞争与农村的孝道衰落: 以打工经济中的顾村为例 [J]. 西北人口, 2009 (4): 38-42.

[161] 袁芳英, 许先普. 攀比效应下货币政策与城乡居民消费的关系研究 [J]. 农业经济研究, 2009 (2): 46-54.

[162] 袁银传. 中国农民传统价值观浅析 [J]. 毛泽东邓小平理论研究, 2000 (1): 101-105.

[163] 俞海山. 消费攀比的成因、结果、对策研究 [J]. 消费经济, 1990 (1): 43-45.

[164] 赵旭东. 文化认同的危机与身份界定的政治学: 乡村文化复兴的二律背反 [J]. 社会科学, 2007 (1): 54-62.

[165] 翟学伟. 中国人际关系网络中的平衡问题: 一项个案研究 [J]. 社会学研究, 1996 (3).

[166] 翟学伟. 中国人际关系的特质: 本土的概念及其模式 [J]. 社会学研究, 1993 (4): 74-83.

[167] 张庆国. 彩礼的经济社会学分析 [J]. 中国农村研究网, 2004.

[168] 张笑足. 浅谈攀比心理的负面影响 [J]. 浙江金融, 1994 (7): 62-63.

[169] 张秀璋. 盲目攀比攀穷自己 [J]. 乡镇论坛, 1997 (7): 17.

[170] 张霞. 社会学的视角看农民的住房提前消费 [J]. 中国社会学网, 2008.

[171] 张梦霞. 象征型购买行为的儒家文化价值观诠释 [J]. 中国工业经济, 2005 (3): 106-112.

[172] 张盈钰. 炫耀心态下进行社会比较对消费者情绪的影响 [D]. 台北: 台湾"中央"大学, 2004.

[173] 张莹瑞, 佐斌. 社会认同理论及其发展 [J]. 心理科学进展, 2006 (3): 475-480.

[174] 张鹏. 重塑农村居民消费文化的几点思考 [J]. 新西部, 2008 (20): 42-43.

[175] 张超. 论宗族势力对村民自治的影响及对策: 重庆市 C 县 G 镇宗族势力实地调研分析 [J]. 云南行政学院学报, 2004 (5): 31-33.

[176] 郑红娥. 中国的消费主义及其超越 [J]. 学术论坛, 2005 (11): 117.

[177] 甄凯晨. 消费社会中人情面子的异化 [J]. 中共郑州市委党校学报, 2008 (1): 83-86.

[178] 仲秋. 乡土社会中的面子与规则: 也论电影《被告山杠爷》 [J]. 河海大学学报(哲学社会科学版), 2006 (6): 42-45.

[179] 周衍平, 李沛龙. 农民消费心理透析 [J]. 山东农业(农村经济版), 1999 (8): 9.

[180] 周君丽. 大学生攀比消费心理成因分析及对策 [J]. 科技信息, 2009 (17): 104.

[181] 朱建堂. 农村邻里吃请行为的经济学和社会学分析 [J]. 湖北经济学院学报, 2005 (5): 73-76.

[182] 朱梅, 汤庆熹, 裴爱红. 农村居民不良消费行为文化动因及对策研究 [J]. 湖南农业大学学报 (社会科学版), 2007 (12): 41.

[183] 朱晓辉. 中国消费者奢侈品消费动机的实证研究 [J]. 商业经济与管理, 2006 (7): 42-48.

[184] 朱晓莹. "人情"的泛化及其负功能: 对苏北一农户人情消费的个案分析 [J]. 社会, 2003 (9): 28-30.

[185] 朱信凯. 中国农户位置消费行为研究 [J]. 统计研究, 2001 (12): 15-19.

[186] 左连村, 徐久香. 论模仿消费 [J]. 广东商学院学报, 2009 (3): 70-74.

[187] 卢宪英. 社会比较理论视角下的农村攀比现象考察: 以山东省3市10村为例 [J]. 中国农村观察, 2014 (3): 65-72.

[188] 代锋, 夏红雨. 农村居民"畸形攀比"现象对主观幸福感的影响: 基于社会比较理论视角 [J]. 湖南行政学院学报, 2020 (3): 83-90.

[189] 张小莉, 李玉才, 孙学敏. 当前中国农村结婚高消费观念的社会学分析: 基于炫耀性消费理论 [J]. 农业经济, 2017 (1): 73-75.

[190] 金晓彤, 崔宏静. 新生代农民工社会认同建构与炫耀性消费的悖反性思考 [J]. 社会科学研究, 2013 (4): 104-110.

[191] 杭斌, 修磊. 住房攀比与居民消费 [J]. 统计研究, 2015 (12): 54-61.

[192] 朱月季, 杨琦, 刘玲. 抑制或促进? 劳动力外流对农村人情消费的影响研究 [J]. 华中农业大学学报 (社会科学版), 2022 (5): 136-147.

[193] 金晓彤, 黄三帅, 徐尉. 上行比较对地位消费的影响: 基于内隐人格、权力距离、比较目标的调节效应分析 [J]. 管理评论, 2020 (11): 151-161.

[194] 王敏, 林方. 上升者的悲哀: 中国社会焦虑感与地位消费的关系探

讨[J]. 经济与管理科学, 2012.

[195] 赵峰. 国人消费中的面子与攀比[J]. 商业观察, 2021 (4 中): 10-13.

[196] 程登军. 嵌入性视角下面子意识对消费行为的影响研究[D]. 新疆财经大学硕士学位论文, 2017.

[197] 李立. 农村地区人情消费中的"不得已"与"难承受"[J]. 云南农业大学学报（社会科学版）, 2021 (2): 28-31.

[198] 黄一凡, 胡思新. 基于社会学的人情消费现象研究[J]. 中国市场, 2020 (6): 11-13.

[199] TRIGG A. Veblen, Bourdieu, and Conspicuous Consumption, [J]. Journal of Economic Issues, 2001 (1): 99-115.

[200] O'CASS A, MCEWEN H. Exploring consumer status and conspicuous consumption [J]. Journal of Consumer Behavior, 2004 (1): 25-39.

[201] O'CASS A, FROST H. Status Consciousness and Fashion Consumption [J]. ANZMAC 2002 Conference Proceedings, 2002: 3371-3378.

[202] BOURDIEU P. Distinction: A Social Critique of the Judgement of Taste [M]. London and New York: Routledge. 1984.

[203] BUUNK B P, COLLINS R L, TAYLOR S E, et al. The affective consequences of social comparison: Either direction has its ups and downs [J]. Journal of Personality and Social Psychology, 1990 (6): 1238-1249.

[204] BRAUN L, WICKLUND R. Psychological Antecedents of Conspicuous Consumption [J]. Journal of Economic Psychology, 1989 (2): 161-186.

[205] BROWN P, STEPHEN C. Politeness: Some Universals in Language Use [M]. Cambridge: Cambridge University Press. 1987.

[206] GIACOMO C, JEANNE O. Conspicuous Consumption, Snobbism and Conformism [J]. Journal of Public Economics, 1997 (66): 55-71.

[207] COLEMAN J. Foundations of Social Theory [M]. Cambridge: Harvard University Press. 1990.

[208] CAMPBELL C. Conspicuous Confusion? A Critique of Veblen's Theory of Conspicuous Consumption [J]. Sociological Theory, 1995 (1): 37 - 47.

[209] CAMPBELL C. The Romantic Ethic and the Spirit of Modern Consumerism. Oxford: Blackwell. 1987.

[210] COLLINS R L. For better or worse: The impact of upward social comparison on self - evaluations [J]. Psychological Bulletin, 1996 (1): 51 - 69.

[211] CHAN K, PRENDERGAST G. Materialism and Social Comparison among Adolescents [J]. Social Behavior and Personality: an International Journal, 2007 (2): 213 - 228.

[212] CHURCHILL G A. A Paradigm for Developing Better Measures of Marketing Constructs [J]. Journal of Marketing Research, 1979 (1): 64 - 73.

[213] YAU - FAI H. On the Concept of Face [J]. The American Journal of Sociolog: 1976 (4): 867 - 884.

[214] DUBOIS, BERNARD, DUQUESNE P. The market for luxury goods: Income versus culture [J]. European Journal of Marketing, 1993 (1): 35 - 45.

[215] EASTMAN J K, FREDENBERGER B, CAMPBELL D, et al. The relationship between status consumption and materialism: a cross - cultural comparison of Chinese, Mexican, and American students [J]. Journal of Marketing Theory and Practice, 1997 (1): 52 - 66.

[216] ETTA Y I, NAI - CHI Y, CHIH P W. Conspicuous Consumption: A Preliminary Report of Scale Development and Validation [J]. Advances in Consumer Research, 2008 (35): 686 - 687.

[217] JARAMILLO F, MOIZEAU F. Conspicuous Consumption and Social Segmentation [J]. Journal of Public Economic Theory, 2003 (1): 1 - 24.

[218] FESTINGER L. A theory of social comparison processes [J]. Human Relations, 1954 (3): 117 - 140.

[219] VIGNERON F, JOHNSON L W. A Review and a Conceptual Framework of Prestige - Seeking Consumer Behavior [J]. Academy of Marketing Science Re-

view, 1999 (1): 1-14.

[220] BLOCH F, RAO V, DESAI S. Wedding Celebrations as Conspicuous Consumption: Signaling Social Status in Rural India [J]. the Journal of Human Resources, 2003 (3): 675-695.

[221] FRANK R. The Demand for Unobservable and Other Nonpositional Goods [J]. American Economic Review 1985 (75): 101-116.

[222] FREDERICK X, BUUNK B P. Individual Differences in Social Comparison: Development of a Scale of Social Comparison Orientation [J]. Journal of Personality and Social Psychology, 1999 (1): 129-142.

[223] GAO G. An initial analysis of the effects of face and concern for "other" in Chinese interpersonal communication [J]. International Journal of Intercultural Relations, 1998 (22): 467-482.

[224] GEORGE A. A Theory of Social Custom of which Unempolyment May be one Consequence [J]. The Quarterly Journal of Economics, 1980 (4): 749-775.

[225] GOFFMAN E. On face-work: An analysis of ritual elements in social interaction [J]. Psychiatry, 1955 (18): 213-231.

[226] GOFFMAN E. Interaction Ritual: Essays on Face to Face Behavior [M]. New York: Anchor. 1967.

[227] GOLDSMITH R E, FLYNN L R, EASTMAN J K. Status Consumption and Fashion Behaviour: An Exploratory Study [J]. Association of Marketing Theory and Practice Proceedings, 1996: 309-316.

[228] HAKMILLER K L. Threat as a determinant of downward comparison, [J]. Journal of Experimental Social Psychology, 1966 (1): 32-39.

[229] HATFIELD E, CACIOPPO J T, RAPSON R L. Emotional contagion [M]. Cambridge: Cambridge University Press. 1994.

[230] HAUNSCHILD P R, MINER A S. Modes of interorganizational imitation: the effects of outcome salience and uncertainty [J]. Administrative Science Quarterly, 1997 (3): 472-500.

[231] CHAUDHURI H R, MAJUMDAR S. Of Diamonds and Desires: Understanding Conspicuous Consumption from a Contemporary Marketing Perspective [J]. Academy of Marketing Science Review, 2006 (11): 1 – 18.

[232] LEIBENSTEIN H. Bandwagon, Snob, and Veblen Effects in the Theory of Consumers' Demand [J]. The Quarterly Journal of Economics, 1950 (2): 183 – 207.

[233] HOLT, DOUGLAS B. How Consumers Consume: A Typology of Consumption Practices [J]. Journal of Consumer Research, 1995 (22): 1 – 16.

[234] HU H C. The Chinese concept of "face" [J]. American Anthropologist, 1994 (1): 45 – 64.

[235] DUESENBERRY J. Income, Saving and the Theory of Consumer Behavior [M]. Cambridge: Harvard University Press, 1959: 22 – 32.

[236] EASTMAN J K, GOLDSMITH R E, FLYNN L R. Status consumption in consumer behavior: Scale development and validation [J]. Journal of Marketing Theory and Practice, 1999 (3):. 41 – 52.

[237] EASTMAN J K, FREDENBERGER B, CAMPBELL D, et al. The Relationship Between Status Consumption and Materialism: A Cross – Cultural Comparison of Chinese. Mexican and American Students [J]. Journal of Marketing Theory and Practice, 1997: 52 – 56.

[238] SATFFORD J E. Effects of Group Influences on Consumer Brand Preferences [J]. Journal of Marketing Research, 1966 (3): 68 – 75.

[239] KURMAN J. Self – enhancement, self – regulation and self – improvement following failures [J]. British Journal of Social Psychology, 2006 (45): 339 – 356.

[240] ARGO J, WHITE K, DAHL D W. Social Comparison Theory and Deception in the Interpersonal Exchange of Consumption Information [J]. Journal of Consumer Research, 2006 (33): 99 – 108.

[241] JERRY S, RENé M, LADD W. Social Comparison: Why, with

Whom, and with What Effect? [J]. Current Directions in Psychological Science, 2002 (5): 159 – 163.

[242] JIANGQUN L, LEI W. Face as a Mediator of the Relationship between Material Value and Brand Consciousness [J]. Psychology & Marketing, 2009 (11): 987 – 1001.

[243] OETZEL J, TING – TOOMEY S. Face and Facework in Conflict: A Cross – Cultural Comparison of China, Germany. Japan and the United States, Communication Monographs, 2001 (3): 235 – 258.

[244] OETZEL J G, TING – TOOMEY S. Face Concerns in Interpersonal Conflict: A Cross – Cultural Empirical Test of the Face Negotiation Theory [J]. Communication Research, 2003 (6) : 599 – 624.

[245] BAO Y, ZHOU K Z, SU C. Face Consciousness and Risk Aversion: Do They Affect Consumer Decision – Making [J]. Psychology & Marketing, 2003 (8): 733 – 755.

[246] JOO Y K, SANG H N. The Concept and Dynamics of Face: Implications for Organizational Behavior in Asia [J]. Organization Science, 1998 (4): 522 – 534.

[247] PETER J P. Reliability: A Review of Psychometric Basic and Recent Findings [J]. Journal of Marketing Research, 1979 (1): 6 – 17.

[248] LI J J, SU C. How face influences consumption: A comparative study of American and Chinese consumers [J]. International Journal of Market Research, 2007 (2): 237 – 256.

[249] CHEN K, GERARD P. Social Comparison, Imitation of Celebrity Models and Materialism Among Chinese Youth [J]. International Journal of Advertising, 2008 (5): 799 – 826.

[250] CHEN K. Social Comparison of Material Possessions among Adolescents, Qualitative Market Research: An International Journal, 11 (3), p. 316 – 330.

[251] KELLY T T, WILLIAMI O B, GARYL H. Consumers' Need for U-

niqueness: Scale Development and Validation [J]. Journal of Consumer Research, 2001 (28): 50 – 67.

[252] KILSHEIMER J C. Status Consumption: The Development and Status Implication of a Scale Measuring the Motivation to Consume for Status [D]. Florida: Florida State University, 1993.

[253] KWANG – KUO H. Face and Favor: The Chinese Power Game [J]. The American Journal of Sociology, 1987 (4): 944 – 974.

[254] LATANE B. Studies in social comparison: Introduction and overview [J]. Journal of Experimental Social Psychology, 1966 (1): 1 – 5.

[255] LEIBENSTEIN H. Bandwagon, Snob, and Veblen Effects in the Theory of Consumers' Demand [J]. Quarterly Journal of Economics, 1950 (64): 183 – 207.

[256] FESTINGER L. A Theory of Social Comparison Processes, the SAGE Social Science Collections [J]. Human Relations, 1954 (7): 117 – 140.

[257] LIM T, BOWERS J W. Face – work: Solidarity, approbation, and tact [J]. Human Communication Research, 1991 (17): 415 – 450.

[258] XIAO LU P. Elite China: Luxury Consumer Behavior in China [M]. Singapore: John Wiley & Sons, 2008.

[259] JEAN – SEBASTIEN M, FILIATRAULT P, EMMANUEL C. The attitudes underlying preferences of young urban educated Polish consumers Made in Western Countries [J]. Journal of International Consumer Marketing, 1997 (4): 5 – 29.

[260] HENRIKSEN M. Luxury fever in China: An analysis of Chinese luxury consumption [D]. 2009.

[261] RICHINS M L, Social Comparison and the Idealized Images of Advertising [J]. Journal of Consumer Research, 1991 (18): 71 – 83.

[262] ZILLMANN, DOLF. Mood Management: Using Entertainment to Full Advantages [M]. New Jersey: Erlbaum, 1988: 147 – 177.

[263] ALLEN M W. Social Structure, Status Seeking and the Basic Food

Groups [J]. ANZMAC 2005 Conference：Consumer Behavior, 2005：7-12.

[264] ALLEN M W. A practical method for uncovering the direct and indirect relationships between human valus and consumer purchases [J]. journal of consumer marketing, 2001 (2)：102-120.

[265] MORSE S, GERGEN K J. Social comparison, self-consistency, and the concept of self [J]. Journal of Personality and Social Psychology, 1970 (16)：148-156.

[266] OETZEL J G, TING-TOOMEY S, CHEW M, et al. Face and facework in conflicts with parents and siblings：A cross-cultural comparison of Germans, Japanese, Mexicans, and U. S. Americans [J]. Journal of Family Communication, 2003 (3)：67-93.

[267] OETZEL J G, TING-TOOMEY S, CHEW M, et al. Face and facework in conflict：A cross-cultural comparison of China, Germany, Japan, and the United States [J]. Communication Monographs, 2001 (68)：235-258.

[268] OETZEL J G, TING-TOOMEY S . Face concerns in interpersonal conflict：A cross-cultural empirical test of the face-negotiation theory [J]. Communication Research, 2003 (30)：599-624.

[269] OLIVER H M Y, Consumer Behavior In China：Consumer Satisfaction and Cultural Values [M]. London and New York：Routledge, 1994.

[270] PARK G W, LESSIG V P. Students and Housewives：Difference in Susceptibility to Reference Group Influence [J]. Journal of Consumer Research, 1997 (4)：102-111.

[271] SHUKLA P. Conspicuous consumption among middle age consumers：psychological and brand Antecedents [J]. Journal of Product & Brand Management, 2008 (1)：25-36.

[272] SHUKLA P . Status consumption in cross-national context：Sociopsychological, brand and situational antecedents [J]. International Marketing Review, 2010 (1)：108-129.

[273] PETERSON R A. A Meta - Analysis of Cronbach's Coefficient Alphs [J]. Journal of Consumer Research, 1994 (21): 381-391.

[274] JOHNSON R. The Social Theory of Capital [M]. New York: Macmillar Press, 1834.

[275] YBEMA J F, BUUNK B P, HEESINK A M. Affect and identification in social comparison after loss of work [J]. Basic and Applied Social Psychology, 1996 (2): 151-169.

[276] WONG N Y, AHUVIA A C, Personal taste and family face: Luxury consumption in Confucian and Western societies [J]. Psychology and Marketing, 1998 (5): 423-441.

[277] TILMAN R. Colin Campbell on Thorsten Veblen on Conspicuous Consumption [J]. Journal of Economic Issues, 2006 (1): 97-112.

[278] VAN BAAREN R B, HOLLAND R W, KAWAKAMI K, et al. Mimicry and Prosocial Behavior [J]. American Psychological Society, 2004 (1): 71-74.

[279] KLEINE R E, KLEINE S S, KERNAN J B. Mundane Consumption and the Self: A Social - Identity Perspective [J]. Journal of Consumer Psychology, 1993 (3): 209-235.

[280] CLARK R A, ZBOJA J J, GOLDSMITH R E. Status Consumption and Role - Relaxed Consumption: A Tale of Two Retail Consumers [J]. Journal of Retailing and Consumer Services, 2007 (14): 45-59.

[281] BELK R W. Materialism: Trait Aspects of Living in the Material World [J]. Journal of Consumer Research, 1985 (3): 265-280.

[282] SAUNDERS S. Fromm's marketing character and Rokeach values [J]. Social Behavior and Personality, 2001 (2): 191-196.

[283] SCHIFFMAN L G, KANUK L L. Consumer Behavior. Upper Saddle River [M]. New Jersey: Prentice - Hall, 2004.

[284] SCHWARTZ S H, BILSKY W. Toward a Theory of the Universal Content and Structure of Values: Extensions and Cross - Cultural Replications [J]. Journal of

Personality and Social Psychology, 1990 (58): 878 – 891.

[285] TAYLOR S E , LOBEL M. Social Comparison Activity Under Threat: Downward Evaluation and Upward Contacts [J]. Psychological Review, 1989 (4): 69 – 575.

[286] TAMBYAH S K, MAI N T T, JUNG K. Measuring Status Orientations: Scale Development And Validation In The Context of An Asian Transitional Economy [J]. Journal of Marketing Theory and Practice, 2009 (2): 175 – 187.

[287] STAPEL D A, KOOMEN W. Competition, cooperation, and the effects of others on me [J]. Journal of Personality and Social Psychology, 2005 (6): 1029 – 1032.

[288] ALLAN S, Gilbert P. A Social Comparison Scale: Psychometric Properties And Relationship To Psychopathology [J]. Person, individ. Diff. 1995 (3): 293 – 299.

[289] TING – TOOMEY S, GAO G, YANG Z, KIM H S, et al. Culture Conflict: A Study in Five Cultures [J]. The International Journal of Conflict Management, 1991 (4): 275 – 296.

[290] SULS J M, WHEELER L. Handbook of social comparison: Theory and research [M]. New York: Plenum press, 2000.

[291] SWANN W B, GRIFFIN J J , PREDMORE S C , et al. The cognitive – affective crossfire: when self – consistency confronts self – enhancement [J]. Journal of Personality and Social Psychology, 1987 (5): 881 – 889.

[292] COSMAS S C. "Life Styles and Consumption Patterns" [J]. Journal of Consumer Research, 1982 (8): 453 – 455.

[293] TAFEL H, TURNER J C. The social identity theory of intergroup behavior [M] // Worchel S, Austin W. Psychology of Intergroup Relations. Chicago: Nelson Hall, 1986: 7 – 24.

[294] TAJFEL H. Social psychology of intergroup relations. Annual [J]. Review of Psychology, 1982 (33): 1 – 39.

[295] CHUNG T, MALLERY P. Social Comparison, Individualism – Collectiv-

ism, and Self-Esteem in China and the United States [J]. Current Psychology: Developmental. Learning. Personality. Social Winter1999 (4): 340-352.

[296] TING-TOOMEY, STELLA. Intercultural Conflicts: A Face-Negotiation Theory [M] // KIM Y Y, GUDYKUNST W B. Theories in Intercultural Communication. Newbury Park, CA: Sage, 1998: 213-235.

[297] TING-TOOMEY S, GAO G, TRUBISKY P, et al. Culture, face maintenance, and styles of handling interpersonal conflict: A study in five cultures [J]. International Journal of Conflict Management, 1991 (2): 275-296.

[298] TING-TOOMEY S, KUROGI, A. Facework competence in intercultural conflict: An updated face-negotiation theory [J]. International Journal of Intercultural Relations, 1998 (2): 187-225.

[299] TING-TOOMEY S. Cross-Cultural face-negotiation: An Analytical Overview [J] // Paper presented in Simon Fraser University at Harbour Centre, 2004.

[300] TING-TOOMEY S. Facework Competence in inter-culture Conflict: An Updated Face-negotiation Theory [J]. International Journal of Intercultural Relationship, 1998 (22): 187-225.

[301] TING-TOOMEY S, KUROGI A. Facework Competence in Intercultural Conflict: An Updated Face-negotiation Theory [J]. International Journal of Intercultural Relations, 2005 (22): 187-225.

[302] TING-TOOMEY S. The Matrix of Face: An Updated Face-Negotiation Theory [J]. In Theorizing about Intercultural Communication2005: 71-92.

[303] TING-TOOMEY S. Intercultural Conflict Training: Theory-Practice Approaches and Research Challenges [J]. Journal of Intercultural Communication Research, 2007 (3): 255-271.

[304] TING-TOOMEY S. Intercultural Conflict Competence as a Facet of Intercultural Competence Development: Multiple Conceptual Approaches, In The Sage Handbook of Intercultural Competence [J]. 2009: 100-1

[305] TING-TOOMEY S. Intercultural Mediation: Asian and Western Con-

flict Lens [M] // BUSCH D, MAYER C, BONESS C M. International and Regional Perspectives on Cross – Cultural Mediation, 2010: 79 – 98.

[306] TESSER A, MILLAR M, MOORE J. Some affective consequences of social comparison and reflection process: The pain and pleasure of being close [J]. Journal of Personality and Social Comparison, 1988 (1): 49 – 61.

[307] TESSER, A, CAMPBELL J. Self – definition: The impact of the relative performance and similarity of others [J]. Social Psychology Quarterly, 1980 (3): 341 – 347.

[308] WATERNAUX C M. Asymptotic distribution of the sample roots for a normal population [J]. Biometrika, 1976 (63): 639 – 645.

[309] WAYMENT H A, TAYLOR S E. Self – evaluation processes: motives, information use and self – esteem [J]. Journal of Personality and Social Psychology, 1995 (4): 730 – 757.

[310] WEBER M, Economic and Society [M]. Berkley: University of California Press, 2013: 302 – 307.

[311] WHEELER L, MIYAKE K. Social comparison in everyday life [J]. Journal of Personality and Social Psychology, 1992 (62): 760 – 773.

[312] WILLS T A. Downward comparison principles in social psychology [J]. Psychological Bulletin, 1981 (90): 245 – 271.

[313] WILLIAM B S, GRIFFIN J, PREDMORE J S, et al. The Cognitive – Affective Crossfire: When Self – Consistency Confronts Self – Enhancement [J]. Journal of Personality and Social Psychology, 1987 (5): 881 – 889.

[314] WOOD J V. Theory and Research Concerning Social Comparisons of Personal Attributes [J]. Psychological Bulletin, 1989 (106): 231 – 248.

附　录

附录1：调查问卷

农村居民攀比消费调查问卷

尊敬的先生/女士：

您好！我正在进行一次调查，需要了解人们日常生活中的面子意识、人情消费、攀比消费等问题，恳请得到您的帮助。完成本问卷需要占用您10分钟的宝贵时间。您的回答没有对错，请您根据自己的实际情况选择相应的答案。您的回答仅作为学术研究之用，并予以严格保密。对您提供的无私帮助，我深表感谢！

中国人民大学商学院市场营销系
2010年5月

第一部分：对于以下的描述，1表示完全不同意，4表示中立，7表示完全同意，数值越小越表示不同意，数值越大越表示同意。请打"√"表示您的选择。

（只可勾出一个适当的数字来反映您的意见）　　完全不同意←→完全同意

J1. 一个家庭没有男孩是令人遗憾的事	1　2　3　4　5　6　7
J2. 生儿育女是为了传宗接代	1　2　3　4　5　6　7
J3. 养儿就是为了防老	1　2　3　4　5　6　7
J4. 人活着最重要的目标就是养老育小	1　2　3　4　5　6　7
J5. 家庭不幸福的人，其他方面再成功也是不幸的	1　2　3　4　5　6　7

J6.	不能尽孝的人不值得尊重	1 2 3 4 5 6 7
J7.	积德行善可以造福后代	1 2 3 4 5 6 7
J8.	光宗耀祖对一个人的人生很重要	1 2 3 4 5 6 7
J9.	做事情要对得起自己的良心	1 2 3 4 5 6 7
J10.	一个家庭没有子女是件遗憾的事情	1 2 3 4 5 6 7
J11.	一个家庭有至少两个孩子比只有一个孩子好	1 2 3 4 5 6 7
J12.	人活着就是为了挣更多的钱	1 2 3 4 5 6 7
J13.	有钱就有地位	1 2 3 4 5 6 7
J14.	我羡慕别人家过得比我家好	1 2 3 4 5 6 7
J15.	金钱使人们的生活变得更幸福	1 2 3 4 5 6 7
J16.	有物质享乐的生命才有意义	1 2 3 4 5 6 7
J17.	金钱是最重要的衡量个人价值的标准	1 2 3 4 5 6 7
J18.	有钱什么都能买到	1 2 3 4 5 6 7
J19.	做人就是要出人头地	1 2 3 4 5 6 7
J20.	受到别人的羡慕能给我带来很大的快乐	1 2 3 4 5 6 7
J21.	尊重是维持人与人之间关系的基本条件	1 2 3 4 5 6 7
J22.	地位显赫的人令人羡慕	1 2 3 4 5 6 7
J23.	我喜欢受到别人的尊重	1 2 3 4 5 6 7
J24.	我会尽力得到别人的尊重	1 2 3 4 5 6 7
J25.	我很看重权力	1 2 3 4 5 6 7
J26.	有权就有一切	1 2 3 4 5 6 7
J27.	我经常以家庭利益为主	1 2 3 4 5 6 7
T28.	我愿意帮助别人维护他的面子	1 2 3 4 5 6 7
T29.	我不做伤害他人面子的事	1 2 3 4 5 6 7
T30.	我一般不会当众指出别人的错误	1 2 3 4 5 6 7
T31.	我一般优先照顾别人的面子	1 2 3 4 5 6 7
T32.	送礼时,我一般会考虑主人的面子	1 2 3 4 5 6 7
T33.	我尽量给别人面子	1 2 3 4 5 6 7

T34. 对别人面子的事情我可以理解		1 2 3 4 5 6 7
T35. 别人没有面子，我也感觉不好受		1 2 3 4 5 6 7
T36. 好好招待客人，这样客人也有面子		1 2 3 4 5 6 7
Z37. 人要维护自己的面子		1 2 3 4 5 6 7
Z38. 人应该有点面子		1 2 3 4 5 6 7
Z39. 生活中我很在意别人对我及家人的评价		1 2 3 4 5 6 7
Z40. 我很看重自己在村里的威望		1 2 3 4 5 6 7
Z41. 我觉得面子很重要		1 2 3 4 5 6 7
Z42. 我很看重自己及家人在村里的面子		1 2 3 4 5 6 7
Z43. 在公众场合我很注重自己的形象		1 2 3 4 5 6 7
Z44. 好好招待客人，这样自己很有面子		1 2 3 4 5 6 7
Z45. 为了面子，我宁愿借钱也要把事情办好		1 2 3 4 5 6 7
D46. 我对含有地位意义的东西感兴趣		1 2 3 4 5 6 7
D47. 因为东西含有地位意义我才买		1 2 3 4 5 6 7
D48. 如果东西有地位意义，我愿多掏钱买		1 2 3 4 5 6 7
D49. 东西的地位意义对我很重要		1 2 3 4 5 6 7
D50. 如果东西能吸引别人的注意，我就更愿意买		1 2 3 4 5 6 7
R51. 送礼是礼尚往来的需要		1 2 3 4 5 6 7
R52. 送礼要送得体面，双方都有面子		1 2 3 4 5 6 7
R53. 送礼是真实表达感情的需要		1 2 3 4 5 6 7
R54. 送礼是为了增进感情		1 2 3 4 5 6 7
R55. 送礼时别人怎么送我也怎么送		1 2 3 4 5 6 7
R56. 送礼多少根据对方上次送我多少而定		1 2 3 4 5 6 7
R57. 人情大于天，借债也要送礼		1 2 3 4 5 6 7
R58. 送礼多少根据关系远近而定		1 2 3 4 5 6 7
R59. 送礼是为了建立感情		1 2 3 4 5 6 7
R60. 送礼多少根据经济情况而定		1 2 3 4 5 6 7
R61. 送礼多少根据预期对方下次送我多少而定		1 2 3 4 5 6 7

M62. 别人有的东西，我也一定要有		1 2 3 4 5 6 7
M63. 别人怎么做，我也跟着怎么做		1 2 3 4 5 6 7
M64. 别人买了啥，我也跟着买啥		1 2 3 4 5 6 7
M65. 每个人都买了，我也要买		1 2 3 4 5 6 7
M66. 跟着多数人做事，即使错了也可避免严重后果		1 2 3 4 5 6 7
M67. 别人有的东西，我不得不有		1 2 3 4 5 6 7
M68. 买东西之前，我经常参考别人的意见		1 2 3 4 5 6 7
P69. 别人有的，有了条件我也一定要有		1 2 3 4 5 6 7
P70. 别人有的，我必须有而且还要比别人好		1 2 3 4 5 6 7
P71. 别人过得好，我要比别人过得更好		1 2 3 4 5 6 7
P72. 邻居盖了新房，我也要盖而且比邻居盖得好		1 2 3 4 5 6 7
P73. 办事情，我就要超过别人		1 2 3 4 5 6 7
P74. 我怕别人过得比我好		1 2 3 4 5 6 7
P75. 买东西，我就要买比别人好一点的		1 2 3 4 5 6 7
P76. 别人都这样，自己不能比别人差		1 2 3 4 5 6 7
B77. 办红白喜事时，我经常与办得好的家庭比较		1 2 3 4 5 6 7
B78. 盖房子，我喜欢与村里盖得好的人比较		1 2 3 4 5 6 7
B79. 送礼时，我经常与送得多的人比较		1 2 3 4 5 6 7
B80. 当不知道做得怎样时，我有时与做得好的人比较		1 2 3 4 5 6 7
B81. 当情况变坏时，我会想到情况比我好的人		1 2 3 4 5 6 7
B82. 我有时与生活中各方面都比我强的人比较		1 2 3 4 5 6 7

第二部分：为方便开展学术研究，我需要了解一下您的个人资料。所有资料我会保密。请在适合您的选项前打"√"

X83. 您的性别： （1）男（   ） （2）女（   ）

L84．您的年龄：

（1） 20 岁及以下　　　（2） 21～30 岁　　　（3） 31～40 岁

（4） 41～50 岁　　　（5） 51～60 岁　　　（6） 61 岁及以上

S85．您的家庭年收入是

（1） 4000 元以下　　　（2） 4000～8000 元　　　（3） 8000～12000 元

（4） 12000～16000 元　　（5） 16000～20000 元　　（6） 20000～24000 元

（7） 24000～28000 元　　（8） 28000～32000 元　　（9） 32000 元以上

RQ86．您家每年用于人情送礼消费有（　　　　）元，占家庭年收入的比重是（　　　　）。

W87．您的文化程度是

（1） 小学及以下　（2） 初中　（3） 高中　（4） 中专

（5） 大专及以上

G88．您的工作是

（1） 在家种田　　　（2） 在外打工　　　（3） 当个体户

（4） 在单位上班　　（5） 自己创业　　　（6） 失业

（7） 其他

H89．您的婚姻状况是

（1） 未婚　　　（2） 已婚　　　（3） 离异　　　（4） 丧偶

JD90．您的家是在

（1） 农村　　　（2） 城市　　　（3） 郊区　　　（4） 县城

QY91．您的家是在以下哪一个区域：

（1） 北京市、天津市、上海市　　　（2） 广东省

（3） 山东省、江苏省、浙江省　　　（4） 河北省、山西省、陕西省

（5） 黑龙江省、辽宁省、吉林省

（6） 云南省、贵州省、广西壮族自治区、海南省

（7） 四川省、重庆市

（8） 西藏自治区、青海省、宁夏回族自治区、内蒙古自治区、新疆维吾尔自治区

(9）湖南省、湖北省、河南省、福建省、江西省、安徽省

再次感谢您对本次调查的支持和协助！

被调查者签名：

访问员签名：

附录 2：攀比消费访谈提纲

一、背景资料

1. 被访者的基本情况，包括年龄、教育程度、职业经历、在家庭中的地位
2. 家庭人口数量、家庭结构
3. 家庭收入主要来源
4. 现在的家庭年收入、生活水平
5. 家庭在本地的生活水平和社会地位

二、攀比消费情况

1. 您认为什么是攀比或攀比消费？
2. 本村有没有攀比消费的现象？如果有的话，基本情况如何？
3. 您在日常消费中有没有去攀比消费？为什么要攀比消费？
4. 有哪些主要因素导致您去攀比消费？
5. 村民一般在什么情况下去攀比消费？
6. 攀比消费主要的表现形式有哪些？
7. 您家在办事的时候，一般要摆几桌招待客人，每桌的标准大概是多少？
8. 攀比消费对您家有没有什么影响？
9. 您有没有这样的经历，办某件事情没有攀比消费，背后有村民议论您？
10. 本村有没有采取方法抵制攀比消费？如果有的话，采取了哪些方法？

附录

附录3：访谈资料总结

一、攀比消费的内涵

从社会心理学角度来说，攀比是一种向上比较的思维过程，是通过某种行为使自己在某一方面超过他人或至少和别人相同，从而达到自尊保护和获得社会认同的目的。在问到什么是攀比及攀比消费时，农民有自己的理解，他们对攀比及攀比消费的理解，在一定程度上也反映了攀比这种行为已经非常普遍。

攀比消费就是别人有的东西我也要有，别人能得到的我也要得到。攀比一般是与跟自己经济实力相当的人进行比较，与经济实力相差很悬殊、相当雄厚的人不敢比。（个案1 - LMJ - 58）

你问什么是攀比，我觉得，如果贫富差距较大，那别人有的东西，自己可以拥有一个档次稍微差的；如果是贫富差不多的话，那别人有的东西自己就一定要有，而且还要比别人更强一些、贵一些。（个案2 - ZJL - 50）

攀比不仅仅是一种通常所说的比较，更重要的是它表现在人的行为中，是一种激进冒失，甚至是一种妄自尊大的盲目。（个案13 - XSL - 60）

在农村，大家的生活水平相差不大，但有些人希望表现得比别人过得好一些，在精神和物质生活方面宣传自己，而另一些人则不愿被别人比下去，也通过某些手段来装扮自己，这就是攀比。（个案14 - XLS - 47）

农民对攀比的认识不算很清楚，但他们的许多生活细节都反映出攀比，最为普遍的就是下一代的发展状况，后代读书时表现突出、要比别人强，就是他们眼中的攀比。（个案15 - LZQ - 30）

攀比是一种争强好胜，不能输给别人，在别人面前有一种满足感。（个案16 - XHJ - 38）

攀比概念就是不甘落后，追求自己目标的实现，是一种人与人之间良性或非良性的默默地竞争。（个案17 - XXQ - 58）

我觉得攀比是一种心理状态，感觉别人有了自己也要有才舒服，觉得属于

一种不正常、不良的现象,但同时也可以解释为一种正常现象,它属于每个人的正常心理作用。(个案22 - YL - 31)

攀比消费,就是在吃的方面,讲求奢侈浮华;在住的方面,追求宽敞,超出个人的消费能力;在玩的方面,更是追求一些花样繁多甚至堕落腐朽的方式;在用的方面,喜欢追求超出个人承受能力的消费。(个案13 - XSL - 60)

从以上几个被访者对攀比及攀比消费的理解来看,攀比属于一种社会比较,它是人们自觉或不自觉地在各方面与别人比较,攀比消费是为了在比较中证明自己并不比别人差,而去购买或消费别人已有的东西的行为。也就是说,如果经济条件相当,别人有的东西自己也一定要有;如果经济条件有差距但不是很悬殊,别人有的东西自己也要想办法有,有时这种攀比消费超出了个人或家庭的承受范围。

二、影响攀比消费的因素

在农村,影响攀比消费的因素有很多,例如经济能力、社会环境、自尊心、虚荣心等,不同的人由于家庭背景不同,在攀比消费中受影响的因素也有差异,但在众多影响因素中存在一些共同的、主要的因素,那就是面子问题、社会地位、人情和模仿四大因素。

1. 面子问题

影响农村攀比消费的因素有很多,个人觉得最重要的还是人的那一口气,如果不如别人,处处落后于别人,则在生活、工作上会有一种严重的挫败感。除了人的心理影响攀比消费外,还有许多别的方面,如个人的家庭教育方式、左右邻居的影响,还有长辈的观念的影响。(个案13 - XSL - 60)

攀比要因人因事而议,有些人特别看重面子,他们会在许多小事上产生攀比心理,不管什么场合都会表现出攀比倾向。(个案14 - XLS - 47)

影响攀比消费的因素因人而异。人生在世,为了个脸,如果办事办得不体面,村民事后就纷纷议论。有些村民在与人交往中,小事方面不要脸,像个痞子,但在大事方面还是要面子。有些人看到别人家买了个太阳能热水器,也想买,大家都在暗暗地比较、竞争,比别人少了就低志。大年三十晚上在祖堂放鞭炮,每户吃年夜饭时放鞭炮,都在比赛,看谁家放得响,放得时间长。很多

人为了面子，小事大办，大事特办，没事找事也要办一办。(个案1-LMJ-58)

农民讲究热闹、派头、脸面。主要表现在购买物品时注重价格的高低，置办酒席时注重来客人数和场面的气氛热闹程度，建筑房屋时注重房屋高度和外观的气派。(个案19-XMQ-55)

就是在价格上比别人的贵，在气派上比别人的好，在场面上比别人的大气，在脸面上比别人的光彩。(个案18-XQS-45)

2. 人情消费

人情礼也影响攀比消费，例如，老人去世时，亲戚间比着谁送的礼厚，在老人葬礼上，"八仙"和乐队要"敲竹杠"，有钱的亲戚就给得多，没钱的亲戚给得也不少，因为给少了就感觉没面子，特别是在亲戚村庄里给少了，既丢了自己的面子，也丢了亲戚的面子。

例如，2009年6月，本村一位老人去世时，在葬礼过程中，"敲竹杠"用语：

二女婿某某某	文武双全是个超能的人
吃皇粮的职业是教书	空余时间长期养猪
教得桃李满天下	教得子女个个读完了大学的书
积累资产一眼望不到边	流动资金还有百万元
对岳父岳母照顾很周到	鱼肉营养品一来就是一大串
今日岳父登仙去	八仙想敲你半个千
子女事业有成还未成家	你要舍不得打点折也随便
侄女婿某某某也要说	在武汉混的也不见得
生活吃的是商品粮	比我们土八路强几百
今日爹爹登仙去	请你献上一两百
外孙儿某某某你听清	你是正宗胡府的根
生母把你丢得早	外公外婆讨细了心
一年三节你未忘记	这种精神人人敬

今日外公登仙去　　外公保你步步高升

敲钱积极性你最高　　现看你是否真心

在上面"敲竹杠"用语中，凡是指名道姓的亲戚都会给钱，亲戚间也在攀比，生怕给少了让别人笑话。当村干部家办红白喜事时，送礼就更加互相攀比，生怕送少了，以后有事找村干部，村干部不帮忙。（个案1－LMJ－58）

在人情礼上也是在比，家里嫁女儿配的嫁妆，家里娶媳妇给的彩礼，大家都在比。逢年过节给老人送的礼，大家也都争着给好的，而且要当着别人的面给。（个案10－ZL－30）

在人情礼上也要比，送少了别人还不高兴，邻居不用说，亲戚也是这样。年前我大姑家的女儿出嫁，我爹送了500元，大姑爹还嫌少了，说别的亲戚送了600元、666元等。当初我结婚时，大姑爹才送来360元。今年3月份我儿子过周岁生日，我看大姑爹送多少。（个案9－HJ－24）

现在人情礼又重又多，我去年一年光送礼就花了2000多元，什么小孩满月啊、小孩过周岁啊、盖房子啊、结婚啊，多得很，送少了别人说你小气，送多了又送不起。像隔壁的那家，亲戚多，春节前三天、五天的就送一次礼，送得他都没有办法，现在一次送礼至少也要100元，亲戚亲一点就多送一点，亲戚疏一点就少送一点，但也要100元啊。（个案25－TSY－60）

3. 社会地位

能象征地位和面子的东西都会导致大家攀比，像戒指、耳环、项链等。结婚时也互相攀比，我家那位来我家提亲的时候，在彩礼上我父母是要得很多的，家里那位的父母出手也很大方，我公婆也很好，很长一段时间别人都羡慕我呢。（个案5－CML－24）

有人在我面前显摆，现在大家都喜欢互相显摆、攀比。过年的时候谁买了件几百块钱的衣服都会在村民面前说一圈，这种时候，我总是忍不住，虽然这么大年纪了，但还是这样，实际上，现在谁也过得不比谁差，你说是不是？（个案6－XGQ－52）

房子是有钱的象征、地位的象征，于是家家户户就比着盖房子，有的家小孩还小，也跟着比，本村好多家只有一个男孩但却盖了两套房，既浪费钱也浪费地。你看对面那一家，花了20多万块钱盖了三层楼房，装修也很漂亮，村中人都夸他有本事，会找钱，他自己也感觉很了不起，可有地位啦！在本村没钱的人就借钱先盖个平房，过两年再在平房上继续盖；有钱的人要么拆了旧房重建，要么再建一套新房。（个案1－LMJ－58）

影响攀比消费的因素有很多，有金钱消费方面的，如在住房、家电的消费上，也有在地位上的攀比，相互拉拢有社会地位或政治权力的人，变成自己的"显贵亲朋"；也有在逞强好胜方面攀比，相互逞一时之强而不顾自己承受能力去消费。（个案17－XXQ－58）

影响农村攀比消费的因素有很多，如金钱、地位、逞强好胜等，都存在着相互比较、攀比的心理，特别是在住房建筑上，见到隔壁邻居盖楼房了，自己也有盖楼房的心理。农村攀比的原因是人的欲望在作祟，除了欲望的因素外，其他的还有相互之间攀比的潜意识。（个案17－XXQ－58）

4. 模仿消费

周围人都在做的时候你也会去做，哪怕你不需要也要去做，不然的话，可能又落别人闲话了，就是为了活得体面点吧。我家里盖房子的时候本来手头就很紧，但当时脑子发热，非要学人家，家里搬房子的时候什么都要换新的，床啊床单啊，还有窗帘，把大部分家具都换新的，为此，借了不少钱，后来心里是后悔的，就是想至少和别人一样。在我看来，现在家家户户盖房子比得最厉害，其实谁也不想表现得没有钱，没钱就没地位。（个案8－YTT－29）

看到别人穿着好的衣服或鞋子，或者装修房子装修得很好看，我也要跟别人一样，为了不比别人差就攀比起来了。（个案16－XHJ－38）

影响攀比消费的因素在农村较多，我觉得别人做什么自己就要跟着做什么，并且相互之间暗暗比赛呗。我们这里流行元宵节的晚上坐摩托车去县里广场看烟花，早几年也没有这种现象，只有几户大户人家去县城里凑热闹，回来别提多得意了。但是现在家家户户都有摩托车，大家都会在元宵节里去县城凑热闹。我感觉看烟花是小事，烟花有啥好看的，看的是人前人后的得意。（个案10－ZL－30）

本村前几年，个别年轻人在外面打工赚了一点钱，过年回来时就花了5000

多元买了一辆新摩托车,很气派,引起了很多其他年轻人的羡慕。从此以后,不少年轻人纷纷模仿,不管在外面打工有没有赚到钱,春节回来都要买一辆新摩托车,自己没有赚到钱的年轻人就找父母要钱去买,现在几乎每家都有一辆摩托车。过完年后,这些年轻人又都去外面打工,摩托车放在家里没有人用,只是春节回来用用。这就是典型的模仿消费。(个案1-LMJ-58)

从以上被访者的表述来看,在农村攀比消费这种现象到处存在,为了面子、地位和人情,农民不惜代价去攀比消费,农民在攀比中展现自己的成功,正如个案10-ZL-30所言,"看烟花是小事,主要是看人前人后的得意"。在访谈中很多村民都谈到有些人在许多小事上也互相攀比,有时村民在一起聊天,聊着聊着就攀比起来,比经济地位的高低,比某某去世时谁送的钱多,比谁的面子大。在中国社会里,加强关系的重要方法之一是送礼,对方的地位越高,权力越大,将来的回报也就越丰厚,送的礼也就越多(黄光国)。在农村的人情消费中,当对方的地位高、权力大时,送礼人之间攀比的欲望也就越强烈。上面的访谈资料集中体现了面子、地位消费、人情消费和模仿消费在农村是经常发生的,它们一个或几个一起导致农村攀比消费的现象越来越严重。

在问到村民一般在什么情况下会攀比消费,以什么形式表现出来时,被访者认为:

一般情况下,农民在受到眼前现象刺激时容易攀比,在社会大量出现富裕群体时也会出现攀比,在虚荣心、好胜心、逞强心理的作用下都易出现攀比。(个案17-XXQ-58)

一般在购买价格较贵的物品、建筑房屋的时候,在做一些讲场面的或向村民公开的事的情况下,大家就喜欢去攀比消费。(个案18-XQS-45)

农民一般在建筑房屋,为儿女们办事方面(婚嫁、升学和选校),购买某些价值较高的物品上,如家电,或为长辈们办寿宴或其他酒席时有攀比之风。(个案19-XMQ-55)

当体现出个人面子时,人们就会攀比消费,即使兄弟姐妹间也是这样。在兄弟姐妹之间比较得最厉害,兄弟买了太阳能,自己也想买。(个案8-TGR-54)

攀比消费的形式有好多,有的通过购买生活用品,有的通过装修住宅,衣食住行各方面都有所涉及。(个案14-XLS-47)

什么情况下攀比消费很难说准,有时可能会因为某件小事而引起攀比,农村的人闲暇时就会走到一起聊天,在聊天中就会产生攀比的现象,有时候也会因为别人家过分张扬而产生攀比消费。攀比消费的形式多种多样,有的买高档生活用品,有的请别人吃饭,有的在结婚时攀比嫁妆,总的来说,攀比就是想方设法做得比别人强。(个案15-LZQ-30)

攀比主要体现在送礼、家具、家电、买房子,在穿着方面主要看个人喜欢。(个案20-TGR-54)

攀比主要表现在人情世故上、产品消费上、精神消费上。(个案22-YL-31)

农民一般在逢年过节消费时容易出现攀比,在办一些红白喜事时也容易出现攀比,甚至一些人在每天的生活中也喜欢和别人进行比较,得到了安慰就比较高兴,受到了刺激,心里面就不舒服。(个案13-XSL-60)

从以上攀比消费的时间和表现形式来看,一般是在能体现出地位的东西、个人的面子或人情世故上,村民都会自觉或不自觉地进行攀比。攀比的方面也比较广,吃、穿、住、行、用等。在攀比中农民既有快乐,也有痛苦。

三、农村攀比消费的原因

关于农村居民攀比消费的原因,有些人认为是面子在作怪,有些人认为是社会环境的变化导致人与人之间竞争加剧,有些人认为大家的钱比以前多了,想改善生活环境,提高生活质量。

攀比在农村是一种普遍关系,不论是在生活还是事业方面,都存在攀比现象。随着社会的发展,竞争也越来越激烈,攀比也由此变得明显。在农村,大家的生活水平相差不大,但有些人希望表现得比别人过得好一些,在精神和物质生活方面宣传自己,而另一些人则不愿被别人比下去,也通过某些手段来装扮自己。攀比在外人看来是一种要面子的表现,但攀比本人则认为这样做是为了给自己争口气,不愿居人之下,同时也给自己增加自信心。(个案14-XLS-47)

攀比消费的原因我认为有以下几种：其一，外出打工的人见过的世面多一些，他们在繁华的大城市辛辛苦苦地工作，感受到大城市的富裕，而他们在大城市中的地位却很低微，由此每当回到农村就希望通过攀比消费来获得内心的满足，不再忍受别人的轻视；其二，老一辈对其后代的期盼，每一个人都希望自己的后代比别人强，让其出人头地，攀比便是表现出比别人强的一种途径。（个案15-LZQ-30）

因为现在人们的收入相对于以前大大地提升了，相互攀比的观念也在逐步增强，为了满足自己的欲望而与别人攀比。（个案16-XHJ-38）

农民的收入增加了，物质生活丰富了，对于生活质量的追求也增加了。（个案19-XMQ-55）

每个人都有那种思想，别人有自己也要有，不管是外人还是兄弟姐妹都是这样，我觉得很正常。面子和经济能力影响攀比。（个案20-TGR-54）

自己长得不好看，家里也算有钱，所以就花了很多钱在穿着打扮上，学城里人用化妆品什么的，现在别人都觉得我是出了名的洋气，没有说我不漂亮。当看到别人比我好看的时候，自己马上就觉得没有信心，就要马上进城买漂亮的衣服。如果谁家的女儿从外面带回来好多好东西，我就想去买。（个案9-HJ-24）

各个家庭、各个地区有自己的经济条件，谁都想过得好，但人与人之间有条件之差，这属于正常的现象。（个案25-TSY-60）

四、攀比消费的利弊

当问到攀比消费对农村居民的日常生活有什么影响，是有利还是有弊时，村民认为对国家来说是有利的，对村民个人来说是有弊的，从总体来说是弊大于利。

攀比消费对农民来说是一种浪费，没有什么实际意义；但对国家来说，短期内可以拉动消费，促进经济发展。（个案1-LMJ-58）

攀比消费有许多不利的方面，带来了奢侈浮华，甚至堕落腐朽；但短期内可以刺激农村的消费市场。（个案13-XSL-60）

攀比消费害处多，浪费严重，同时会导致人与人的关系恶化。（个案14-

XLS-47)

攀比或攀比消费会使双方关系紧张，得不到对方的信任。（个案15-LZQ-30）

攀比的好处在于人们可以相互激励，使生活变得更好、更丰富多彩。害处在于为了与别人攀比，使其消费远远超出了家庭的承受能力，从而导致家庭的破裂。（个案16-XHJ-38）

攀比消费对国家有一定的好处，如通过消费刺激国家经济，走出金融危机，但对个人来说，经常超出个人承受能力，给家庭带来经济压力。（个案17-XGQ-58）

人们在攀比中会以金钱的多少来评价乡亲，不利于农村的和谐发展。（个案18-XQS-45）

不管怎么样，比别人好总觉得会有面子，自己心里也舒服一些。但是也确实是表面风光一些，面子是比上去了，钱花的是自己的，心疼也是自己的，总觉得钱没有用在该用的地方。（个案5-CML-24）

跟别人比赢了，高兴啊，当然会高兴啊，在乡亲们面前是抬得起头的啊。但是比输了吧，就会不服输，自己心里也不高兴。当然了，花掉钱了，也是加重了自己和孩子的负担。（个案6-XGQ-52）

其实呢，假如你家什么都做得很好，别人就会承认你家有能力有地位，这样自己心里也会舒服一些。但是想想也会造成一些浪费，还影响小孩，我小孩现在就什么都要好的，比别人好才行。（个案8-YTT-29）

后 记

本书是在我的博士论文基础上修改而成的。在中国人民大学求学的三年时间一晃而过，毕业也有十多年了，回想这段时光，其间苦乐相随。苦的是求学过程是伴随着辛苦和枯燥度过的；乐的是学到了一些新知识和新方法，开阔了自己的视野，为本人以后的工作和学习提供了知识的源泉，同时，结识了很多朋友，得到了很多人的支持和帮助，有很多人值得我去感谢。

首先，感谢我的导师刘晓梅教授，感谢她给我提供了学习的机会，在三年时间中，她始终以导师和大姐的双重身份要求我、帮助我，她严谨的学术态度、丰富的理论知识和为人处世的原则使我受益很大，在论文的写作过程中，她在百忙之中不断地提出建议和修改意见。同时，我要感谢陈强老师，在论文的构思和写作阶段，他提出了很多独创性的见解和修改建议。其次，我要感谢吕一林教授，她在三年时间里，不断给予我极大的鼓励和关怀。我还要感谢周庭锐教授、江林教授、曲日亮教授、张恩忠教授等人。他们在论文的开题和写作的过程中给我提出了很多真知灼见，使我少走了很多弯路。再次，我要感谢九江学院原商学院潘旭华院长，他一直在支持和帮助我，特别是在问卷调查过程中，给予了很大的人力支持和资金支持；同时，还要感谢九江学院原商学院参加问卷调查的各位学生，他们的积极支持使问卷调查工作得以圆满完成，特别是我的学生曹磊和杨锡金，他俩在整个调查过程中一直毫无怨言地帮助我。还要感谢三年的同班同学，同学之情终生难忘！李光明、陈立彬、李敬强、赵卫东等好友在论文的写作中提出了很多好建议，在此也深表谢意！

后　记

　　最后，要深深感谢我的家人：一是感谢我的岳父、岳母和父母，他们在三年的时间里一直鼓励我，给予了很大的帮助。特别是岳父、岳母，家中无论有什么困难，他们都毫无怨言地不远千里来帮忙，做出了很大的牺牲，在此非常感谢他们！二是感谢我的夫人俞炯女士，是她在背后一直支持和鼓励我，是她承担起了家中一切困难，是她的奉献精神使我顺利完成了三年的学习过程。三是感谢我的女儿雷毓洁，她自觉学习的态度和独立生活的习惯使我省了不少的心，我的求学过程也离不开她的支持。

　　博士毕业后，我重新回到熟悉的九江学院工作。工作期间，各位领导的关心、厚爱和同事们的支持、配合，以及家人的理解、支持，使我得以全身心投入工作。十多年过去了，我才想起要把博士论文修改出版。

　　本书能够顺利出版，一是感谢九江学院王万山副校长、发展规划与学科建设处吴维勇处长、管理学院许松涛院长和其他部门领导的支持，二是感谢华南理工大学出版社庄严主任和肖颖编辑两位的辛苦工作。

　　我的博士论文写于十多年前，现在来看，其中观点和主要内容还未过时，现在农村居民的攀比消费现象比以前更加严重，我结合农村实际做出了最大努力的修改和完善。本人水平有限，书中难免存在不当或错漏之外，敬请读者批评指正。

雷祺

2022 年 10 月